Evaluación psicológica
en el área clínica

Laura Edna Aragón • Arturo Silva

EDITORIAL
PAX MÉXICO

El libro muere cuando lo fotocopian

Amigo lector:

La obra que usted tiene en sus manos es muy valiosa, pues el autor vertió en ella conocimientos, experiencia y años de trabajo. El editor ha procurado dar una presentación digna a su contenido y pone su empeño y recursos para difundirla ampliamente, por medio de su red de comercialización.

Cuando usted fotocopia este libro, o adquiere una copia "pirata", el autor y el editor dejan de percibir lo que les permite recuperar la inversión que han realizado, y ello fomenta el desaliento de la creación de nuevas obras.

La reproducción no autorizada de obras protegidas por el derecho de autor, además de ser un delito, daña la creatividad y limita la difusión de la cultura.

Si usted necesita un ejemplar del libro y no le es posible conseguirlo, le rogamos hacérnoslo saber. No dude en comunicarse con nosotros.

Editorial Pax México

ಐ ಲ

Coordinación editorial: Matilde Schoenfeld
Portada: Perla A. López Romo

© 2002 Editorial Pax México, Librería Carlos Cesarman, S.A.
    Av. Cuauhtémoc 1430
    Col. Santa Cruz Atoyac
    México D.F. 03310
    Teléfono: 5605 7677
    Fax: 5605 7600
    Correo electrónico: editorialpax@editorialpax.com
    Página web: www.editorialpax.com

Primera edición
ISBN 968-860-637-5
Reservados todos los derechos
Impreso en México / *Printed in Mexico*

Índice

Introducción .... *ix*

1. Evaluación de la adaptación 1
Ana Elena del Bosque Fuentes y Lidia Gutiérrez Aguilar, UNAM, FES-Iztacala
    Definición y conceptualización de la adaptación 2
    Factores que intervienen en el ajuste 6
    Adaptación y estrés 9
    Teorías de la personalidad............................. 12
    Evaluación de la adaptación 16
    Normalización del cuestionario de adaptación para
    adolescentes de Bell................................... 18
    Bibliografía... *24*

2. Evaluación de la conducta tipo A 25
Rosalva Bautista García, Norma Yolanda Rodríguez Soriano y Laura Edna Aragón Borja, UNAM, FES-Iztacala
    El patrón de conducta tipo A 26
    Métodos de evaluación de la conducta tipo A............. 34
    Evaluación de la conducta tipo A en mujeres mexicanas.... 40
        Método 41
            Muestra....................................... 41
            Procedimiento 41
            Descripción del inventario de actividad de Jenkins .. 42
        Resultados....................................... 44
    Bibliografía... *47*

3. Evaluación de habilidades sociales 49
María Refugio Ríos Saldaña, UNAM, FES-Iztacala
    Aspectos teóricos de las habilidades sociales 52
        Modelo de aprendizaje social 56
        Aprendizaje social y habilidades sociales 59
            Definición de habilidades sociales................ 62
            Consideraciones en torno a la evaluación de
            habilidades sociales 63
    Antecedentes y descripción de la escala original
    de habilidades sociales que se propone................... 65
        Aspectos metodológicos de la Escala de Evaluación
        de Habilidades Sociales para Adolescentes (EEHSA) 68
        Consideraciones en torno a la confiabilidad y validez ... 69
        La Escala de Habilidades Sociales para Adolescentes
        (EEHSA) como medida de auto-informe................ 72
            Características de la Escala de Evaluación
            de Habilidades Sociales para Adolescentes (EEHSA) .. 74
            Consideraciones en torno a la selección de la muestra 74
            Consideraciones en torno a la sensibilidad
            de EEHSA 76
            Criterios de identificación en las dimensiones
            contextual y situacional 77
            Procedimientos para obtener la confiabilidad
            y utilidad de EEHSA 77
            Población de estudio y lugares de aplicación 78
            Dimensión contextual (ante quién y dónde) 82
            Confiabilidad y utilidad de EEHSA 83
        Criterios de aplicación............................. 83
        Calificación de la escala 84
            Descripción de las normas 84
    Conclusiones 86
    Bibliografía.. *90*
    Apéndice *94*

4. Evaluación psicológica en la prevención del VIH/Sida .. 103
Susana Robles Montijo y Diana Moreno Rodríguez, UNAM, FES-Iztacala
    Estudios relacionados con modelos conductuales
    que explican la conducta de riesgo 104

Investigaciones sobre actitudes, conocimientos y prácticas
sexuales relacionados con el VIH/Sida 110
    Conocimientos sobre VIH/Sida 110
    Actitudes hacia el Sida 113
    Prácticas sexuales de riesgo 115
    Relación entre las variables evaluadas 118
Descripción de un instrumento que evalúa comportamientos
de riesgo relacionados con el contagio del VIH/Sida 122
    El modelo psicológico de la salud aplicado al caso
    del VIH/Sida 122
    Descripción del instrumento de evaluación 126
        Resumen de la investigación realizada por
        Robles (1999) con estudiantes universitarios 136
Conclusiones 138
Bibliografía.. *142*

5. Evaluación de actitudes de género en experiencias educativo terapéuticas interdisciplinarias 149

María Teresa González Uribe y Guadalupe Hernández Cortés, UNAM, FES-Iztacala

Definición del concepto de género 149
Resumen histórico del desarrollo de los estudios de género . 151
Los estudios de género en psicología 154
Cómo se han evaluado las actitudes de género
en psicología 161
Algunas aportaciones a la evaluación de las actitudes
de género... 165
Resultados 168
Bibliografía.. *172*

6. Evaluación de trastornos alimentarios en estudiantes mexicanas... 175

Georgina Leticia Álvarez Rayón, Karina Franco Paredes, Juan Manuel Mancilla Díaz y Rosalía Vázquez Arévalo, UNAM, FES-Iztacala

Método 180
    Instrumentos 180
    Procedimiento 181
    Análisis de resultados 181
Resultados y conclusiones 182
Bibliografía.. *189*

Introducción

En la aproximación cognoscitivo-conductual, la intervención psicológica es el proceso que comprende un amplio conjunto de técnicas y procedimientos de evaluación y tratamiento *usados selectivamente y ajustados para cada individuo en particular*. De este modo, las estrategias terapéuticas no solamente varían de acuerdo con las diferentes clases de problemas conductuales de que se trate, sino que también varían dentro de cada clase de problemas específicos. Sin embargo, antes de cualquier tratamiento psicológico es necesario poseer información del cliente y de la meta de intervención, la que sólo puede obtenerse mediante una *evaluación;* con tales datos, el psicólogo estará más capacitado para tomar decisiones respecto al plan terapéutico por aplicar.

La evaluación en psicología, en sentido estrecho, se refiere a diagnosticar; es decir, detectar la presencia de un estado, un conocimiento, una patología, etcétera, de acuerdo con el campo que esté siendo evaluado. En sentido amplio, el término evaluación no sería restringido sólo al diagnóstico, sino a todo un proceso cuya meta consiste en identificar, rotular, seleccionar, plantear objetivos, intervenir, pronosticar y volver a evaluar si los objetivos planteados se alcanzaron; su finalidad estriba, sobre todo, en su utilidad para la toma de decisiones.

Desde este punto de vista, entonces, la evaluación psicológica no implica únicamente aplicar algún tipo de prueba o instrumento a fin de conocer el estado actual de un sujeto o grupo de sujetos en cuanto a algún atributo o problema psicológico, sino que iría más allá: éste sólo sería el primer paso de un proceso que involucraría la toma de decisiones, que comprendería, a su vez, seleccionar y plantear objetivos de terapia, elegir técnicas y estrategias para la intervención, comprobar continuamente para constatar que los objetivos planteados sean alcanzados —así como detectar posibles problemas para su conecución— y evaluar si las metas finales han sido alcanzadas. De este modo, la evaluación no representa, por tanto, un fin en sí misma y persigue un objetivo eminentemente práctico y, como tal, está al servicio de la disciplina: su logro fundamental no es la explicación, sino la búsqueda de medidas prácticas de intervención.

La importancia de la evaluación psicológica entraña un concepto muy importante: las inferencias que de ella pueden derivarse, con base en las respuestas dadas en las circunstancias de evaluación. Como mínimo, el proceso de evaluación supone que la conducta por evaluar mediante algún instrumento específico es una muestra de los repertorios de conducta que el evaluado posee, representa lo que el individuo ha aprendido como resultado de su interacción con el entorno social.

Sin embargo, así como no todas las evaluaciones son iguales, tampoco lo son sus fines. Al respecto, podemos considerar que dentro del proceso de evaluación psicológica hay estrategias selectivas y estrategias modificativas; las primeras buscan la optimación por medio de la selección adecuada de personas —en determinadas condiciones, elegirlas con un criterio de ejecución o clasificarlas de acuerdo con dicho criterio— o de condiciones; son individuos concretos, y la estrategia consiste en buscar las condiciones idóneas que mejor se adapten a cada uno de ellos, conforme al criterio de optimación. Por otra parte, en la estrategia modificativa buscamos la forma de actuar que facilite la optimación mediante la modificación tanto de las conductas de las personas como de las condiciones; esta última estrategia considera que a fin de ser útil debe proporcionar los elementos suficientes tanto para determinar el método modificativo en cada caso concreto como verificar la efectividad del mismo una vez utilizado.

Este tipo de diagnóstico utilizado en la estrategia modificariva —en oposición al que usa la estrategia selectiva y que presupone, por tanto, que el individuo posee la cualidad evaluada como un rasgo permanente de su conducta— es llamado *diagnóstico de proceso*, en el cual se considera que la conducta es susceptible de cambiar por medio de diferentes procesos modificativos.

No obstante, sin importar el tipo de diagnóstico, el objetivo final de toda evaluación es la toma de decisiones, que presupone la existencia de alternativas entre las cuales hay que elegir. La intervención psicológica podría ser considerada entonces como todo lo que al final de un proceso evaluativo puede implementarse a consecuencia de dicho proceso.

Este tercer volumen, consta de seis capítulos en los que abordamos investigaciones llevadas a cabo sobre temas psicológicos de actualidad: la adaptación, la conducta tipo A, las habilidades sociales, la conducta de riesgo para contraer el síndrome de inmunodeficiencia adqirida (sida), los estudios de género y los trastornos alimentarios. En el nivel teórico, en cada uno de ellos revisamos en qué consiste el fenómeno psicológico por estudiar y los conceptos relacionados, así como los resultados de la investigación realizada.

En el capítulo 1, Ana Elena del Bosque y Lidia Gutiérrez presentan la baremación de la *Escala de Adaptación para Adolescentes* de Bell llevada a cabo en la zona metropolitana de la ciudad de México. La adaptación o ajuste es un repertorio importante por evaluar, ya que un adolescente bien adaptado a su medio familiar, escolar, social y personal, efectuará los cambios necesarios en su conducta y en su ambiente para afrontar en forma adecuada los problemas que se le presenten, para responder de manera efectiva a las demandas de su ambiente y para relacionarse armónicamente con los demás y consigo mismo.

En el capítulo 2, Rosalva Bautista, Norma Y. Rodríguez y Laura E. Aragón exponen los resultados de un estudio acerca de la conducta tipo A realizado con mujeres amas de casa y con mujeres que además trabajan. En la actualidad, con la incorporación cada vez mayor de la mujer al ámbito laboral, se ha observado que también presenta algunos padecimientos que en el pasado eran adjudicados prioritariamente a los varones: ansiedad, cardiopatías, úlceras, gastritis, etcétera. Este estudio estuvo encaminado a determinar posibles diferencias en cuanto a conductas de riesgo para padecer cardiopatías en mujeres que cubren doble jornada laboral –son amas de casa y además trabajan fuera del hogar– *versus* mujeres que únicamente son amas de casa.

En el capítulo 3, Refugio Ríos describe la metodología seguida en la adaptación y validación en México de un instrumento para medir las habilidades sociales en adolescentes. La medición de las habilidades sociales en adolescentes y la consecuente intervención, aparte de ampliarles la posibilidad de relacionarse satisfactoriamente con sus padres y adultos significativos, ayuda a prevenir y solucionar problemas como la ansiedad, la depresión y la agresión.

En el capítulo 4, Susana Robles y Diana Moreno presentan los resultados de una amplia investigación llevada a cabo con estudiantes universitarios sobre un problema que en la actualidad adquiere gran importancia por las consecuencias tan devastadoras en todo nivel –problemas de salud, psicológicos y económicos– que acarrea el fenómeno del VIH/sida, y describen la aplicación de un instrumento para evaluar dicha problemática, como un primer paso para la prevención efectiva.

El capítulo 5, de María Teresa González y Guadalupe Hernández, expone los resultados de tres estudios sobre el tema de actitudes hacia el género femenino y presenta además cómo elabora y valida la escala de actitudes utilizada en dos de las investigaciones.

Finalmente, en el capítulo 6, Georgina Álvarez, Karina Franco, Juan Manuel Mancilla y Rosalía Vázquez describen una investigación sobre uno de los problemas que, gracias a los medios de comunicación masiva que apologizan los prototipos de belleza, ataca a poblaciones vulnerables como adolescentes y jóvenes –incluso niños–, y también se presenta en adultos: los trastornos alimentarios. El objetivo de este estudio fue explorar la asociación entre algunos factores cognitivo-conductuales y la presencia de sintomatología de anorexia o de bulimia nerviosas.

Queremos enfatizar que los estudios aquí presentados tienen un valor doble: han seguido una metodología científica rigurosa y, además, las investigaciones se han realizado en la población mexicana, para coadyuvar a solucionar problemas que se presentan en nuestro contexto, en nuestra realidad cotidiana, sin tener que recurrir a instrumentos con normas extranjeras o bien generalizar resultados de otro país al nuestro, con la dudosa confiabilidad y validez que ello entraña.

Laura Edna Aragón Borja y Arturo Silva Rodríguez

1

Evaluación de la adaptación

Ana Elena del Bosque Fuentes
Lidia Gutiérrez Aguilar
UNAM, FES-*Iztacala*

Los procesos emocionales han sido estudiados principalmente a partir del concepto de adaptación, cuyo origen se encuentra ya en los planteamientos de Darwin, quien manifestaba que las demandas del medio ambiente determinan la adaptación de los organismos vivos; por ello, la adaptación garantiza la resistencia ante los efectos nocivos de las presiones del exterior y asegura su supervivencia; por el contrario, la no adaptación implica la muerte del sujeto.

En la actualidad, el término adaptación se utiliza en diversos contextos que tienen en común el significado de "acomodar o ajustar cosas". Al referirse a las personas, el término indica acomodarse o ajustarse a circunstancias o condiciones. Davidoff (1979, cit. en Magallanes, 1998) señala que una persona bien adaptada: *a)* tiene sentimientos positivos de sí misma y se considera competente y con éxito en la vida, *b)* muestra un sentido de autonomía e independencia, *c)* es activa, laboriosa y enérgica en la consecución de sus intereses, *d)* se relaciona bien, armónicamente con los demás, y *e)* se siente satisfecha de su vida, disfruta de ella y no la abruman los problemas.

Así, "la adaptación humana consiste en un doble proceso: ajuste de la conducta del individuo a sus propios deseos, gustos, preferencias y necesidades y ajuste de su conducta a las circunstancias del entorno en que vive, es decir, a las normas, deseos, gustos, preferencias y necesidades de las personas con las que interactúa ocasional o habitualmente"; de esta forma, la adaptación es "una clase de conducta que puede o no constituir un hábito y un estado emocional relacionado con parte de su entorno" (Magallanes, 1998, p. 13).

En ocasiones, es más sencillo definir la inadaptación que la adaptación puesto que el comportamiento anormal suele servir como punto de referencia para determinar si la persona presenta características adaptativas; es más fácil percibir aquellos aspectos de conducta que difieren de los de la mayoría de la población.

Las emociones juegan un papel muy importante en la adaptación y supervivencia de los seres vivos; generan una actividad psicofisiológica inmediata que puede ser perjudicial a mediano y/o largo plazos cuando son negativas y se producen con excesiva frecuencia. Hoy en día, las emociones son consideradas como procesos que implican el funcionamiento de variados y complejos mecanismos; éstos permiten al organismo prepararse para enfrentar situaciones que traen como resultado un desequilibrio.

El objetivo de este capítulo es definir y conceptualizar la adaptación; describir su relación con la competencia social y las habilidades sociales; exponer cómo se realiza el proceso de adaptación y ajuste social, así como su estrecha relación con el estrés; por último exponer las diferentes formas de su evaluación y, dentro de este mismo apartado, mostrar cómo se llevó a cabo la normalización del *Cuestionario de adaptación de Bell* en la zona metropolitana de la ciudad de México.

Definición y conceptualización de la adaptación

Para Painvhaud (1975, citado en Orte y March, 1996) la adaptación "consiste en la concordancia que el niño efectúa entre la necesidad que expresa y la realidad que escoge [...] La adaptación queda lograda cuando el niño capta una realidad exterior que corresponde a la realidad interior, expresada o no [...] Si decimos que la adaptación consiste únicamente en una cierta sintonía que pueda establecer con lo real, creemos que este concepto es demasiado limitado a una noción de conformismo; quita, en último término, toda autonomía al individuo" (p. 27).

Si bien esta definición se aplica a los niños, es útil para los adultos, ya que la realidad exterior y la interior se presentan en todas las personas, independientemente de su edad.

Jean Piaget, uno de los autores clásicos de la psicología, define a la adaptación de la siguiente forma: "La adaptación puede realizarse en las múltiples direcciones del sistema biológico: *a)* por caracteres y variaciones morfológicas, externas o internas; *b)* por la fisiología (variaciones cuantitativas y cualitativas del metabolismo, como secreciones); *c)* por el comportamiento (aptitudes eteocológicas, investigación y explotación de un medio); *d)* por procedimiento técnico (modelado y movilización del medio); *e)* por reacciones colectivas (efecto del grupo, sistemas técnico-culturales del hombre, como ritos, mitos, normas)" (Orte y March, 1996, p. 29).

Desde el punto de vista de Phares (1997), la psicología clínica busca aplicar los principios psicológicos a los problemas de adaptación; pretende cambiar la conducta, los pensamientos y sentimientos del cliente para disminuir las inadaptaciones o para incrementar sus niveles de adaptación.

Para Orte y March (1996) la adaptación es un proceso dinámico relacional entre la persona y el medio; definen a la inadaptación social como el desajuste personal, el conflicto o fricción con el ambiente, el fracaso ante estímulos sociales, o el comportamiento antisocial.

Otra definición sobre adaptación social es la de Gómez (1984, en Orte y March, 1996) para quien la adaptación es el nivel, más o menos óptimo, de acomodación comportamental al modo de vida existente y mayoritariamente aceptado en el grupo al que se pertenece, así como a la disposición del individuo para participar activamente en dicho grupo (p. 27).

A su vez, Bell considera al yo como un resorte central encargado de facilitar la adaptación ante las demandas del organismo, por una parte, y la influencia del medio social o físico, por la otra. A medida que el yo se desarrolla aumentan los sentimientos y las emociones que se producen durante las reacciones abiertas, de las que el yo toma conciencia.

La etapa en la que se hace más evidente este desarrollo es la adolescencia; según Schiare (1966, citado en Horrocks, 1984), es posible vislumbrar la importancia que ejerce el ambiente social en el que se desarrolla el adolescente, el cual influye en el desarrollo de su propia identidad. Horrocks (1984) afirma que en el período de la adolescencia las personas intentan lograr un acuerdo armónico entre ellos mismos y su medio ambiente; de acuerdo con el autor, en esta etapa se desarrollan ciertos conceptos del yo y su aceptación e integración serán determinantes en la conducta social y personal del adolescente, así como en su papel de futuro adulto.

Las habilidades sociales generalmente están relacionadas con el comportamiento adaptativo de la persona a lo largo de su vida, ya que cuando son deficientes contribuyen a la presencia de bajo reforzamiento social positivo, que dan como resultado problemas de inadaptación social.

De esta forma, cuando hablamos de competencia social, contemplamos el contexto donde el sujeto pueda sentir que pertenece, que ocupa un lugar en la sociedad, que pueda sentirse valorado en ese lugar que ocupa y que esto le permita contribuir y participar en la sociedad. Algunas de las limitantes de la competencia social son el sexo, raza, edad o condición social.

El concepto de competencia social ha sido empleado indistintamente con el de habilidad social, o asertividad. Blanco (1987, en Orte y March, 1996) se refiere a este concepto como: "la posesión o no posesión de ciertas capacidades y aptitudes necesarias para cierto tipo de ejecución [...] esas capacidades y esos límites serían los relacionados con la actividad social en general, con la conducta social en sus múltiples manifestaciones. Desde una primera perspectiva, la habilidad social es la capacidad que un individuo posee para ejecutar acciones sociales" (Orte y March, 1996, p. 73).

Por su parte, Michelson y cols. (1987, en Orte y March, 1996) plantean las siguientes características de las habilidades sociales:

- Se adquieren por medio del aprendizaje (observación, imitación, información)
- Incluyen comportamientos verbales y no verbales
- Suponen iniciativas y respuestas efectivas y apropiadas
- Incrementan el reforzamiento social

A su vez, las habilidades sociales son influidas por el medio, la edad, el sexo y el estatus que afectan la conducta social de la persona.

La inadaptación social puede presentarse debido a diversas causas y situaciones, tanto morfológicas y fisiológicas como comportamentales; Moragas (1970, en Orte y March, 1996) señala que el inadaptado es un ser que, por una predisposición personal de tipo hereditario, genético o ambiental, y por tener desviada la maduración de sus estructuras psíquicas o presentar un sistema de deseos irrealizables en este mundo, fracasa en sus reacciones ante los estímulos que la vida le presenta. En algunos casos esta predisposición personal se apoya además en un trastorno orgánico de tipo neurológico o endocrino.

Lafón (1979, en Orte y March, 1996) refiere que la inadaptación se presenta en tres niveles: en el primero hay un sujeto que presenta deficiencias respecto a las características de un entorno concreto; en el segundo, un sujeto presenta deficiencias respecto a las exigencias o expectativas del mismo sujeto y, finalmente, en el tercer nivel, un sujeto con deficiencias se encuentra en un entorno también deficitario.

Valverde (1993, en Orte y March, 1996) señala que los campos de interés social de la Psicología en relación con la inadaptación son tres: la investigación del comportamiento inadaptado con el objetivo de describirlo, explicarlo y predecirlo, la intervención sobre el problema y el diseño de experiencias preventivas para evitar que dicho comportamiento llegue a manifestarse.

Desde el punto de vista de Ballester (citado en Palmero y Fernández Abascal, 1998), la Psicología de la salud puede definirse como el estudio de la adaptación o ajuste continuo de la globalidad de la persona a las exigencias, restricciones o limitaciones que le impone su propia vida como algo inherente a ella; de esta forma, la Psicología de la salud comprende aspectos que tienen que ver con los comportamientos y estilo de vida de una persona o comunidad.

En este sentido, para entender cómo se adaptan las personas a su medio ambiente, se han realizado estudios que tratan de explicar el proceso de ajuste social; algunos dan importancia a factores biológicos o psicológicos, ya sea en forma separada o en combinación. Hay autores que plantean que gracias a las características biológicas inherentes al ser humano, éste se adapta a su ambiente; no obstante, además de su evolución biológica, la capacidad de pensamiento permite al hombre controlar su medio ambiente al plantearse y cuestionarse problemas abstractos, lo que lo distingue de otras especies animales. El concepto de ajuste social nos parece más adecuado que el de adaptación, ya que creemos que tiene más connotaciones de comportamiento psicológico en contraposición con comportamiento biológico. Sin embargo, a partir de aquí utilizaremos indistintamente ambos conceptos, ya que así los consideran en la literatura.

Desatnik y Franklin (1992) reportan que las aproximaciones teóricas sobre el ajuste pueden ser agrupadas en tres enfoques: moral, fenomenológico y de aprendizaje social. La perspectiva moral plantea la existencia de principios morales que guían la conducta humana y que permiten evaluar la calidad del ajuste emocional. Estos principios forman parte integral de doctrinas y religiones, algunas de las cuales han influido en el actual pensamiento psicológico.

El enfoque fenomenológico considera que la conducta de un individuo es adaptativa mientras conduzca a la satisfacción de sus necesidades de acuerdo con su propia percepción. Asimismo, plantea que para predecir la conducta de una persona es necesario conocer su campo fenomenológico; este último se reestructura constantemente, en función de las necesidades cambiantes que, a su vez, incluyen autopercepciones estables que forman el concepto que de sí mismo tiene el individuo.

La perspectiva del aprendizaje social ha influido en el modelo cognoscitivo-conductual. Según este enfoque, para estudiar el ajuste psicológico del hombre es necesario estudiar su conducta ante la solución de problemas, así como sus estilos de afrontamiento; estos estilos son la forma en que los individuos responden a los retos que el ambiente impone tanto a sus capacidades de ajuste como a sus limitaciones físicas e interpersonales. Para determinar la efectividad del ajuste de las personas, es preciso analizar la forma que tiene el individuo para afrontar las limitaciones propias y del ambiente. Así, la capacidad de ajuste consiste en la habilidad para resolver y afrontar las tensiones y problemas con un mínimo de alteración, por lo cual deberán tomarse en cuenta las consecuencias inmediatas y mediatas de la conducta.

De esta manera el ajuste involucra tanto la realidad externa del individuo (su medio ambiente), como sus habilidades psicológicas, determinadas tanto por sus características biológicas y sus experiencias particulares como por la apreciación o interpretación que el individuo hace de ellas.

Si la conducta involucra los intentos de la persona para satisfacer o disminuir las necesidades personales (fisiológicas y psicológicas), así como las exigencias del medio ambiente, el proceso de ajuste, en un sentido amplio, implica esta satisfacción de necesidades y exigencias (Goodstein y Lanyon, 1975).

Para Goodstein y Lanyon (1975) el ajuste es un proceso continuo, en el que las experiencias de aprendizaje social crean necesidades psicológicas, pero también permiten la adquisición de habilidades que facilitan la satisfacción de dichas necesidades. Tomando en cuenta lo anterior podemos definir el ajuste como un proceso que implica el uso de las habilidades con las que cuenta el individuo para satisfacer o disminuir las necesidades físicas y psicológicas que se le presentan, así como para enfrentarse a las demandas del medio ambiente.

Factores que intervienen en el ajuste

Son diversos los factores que intervienen en la calidad del ajuste. Entre ellos encontramos el nivel de tolerancia ante la demora en la satisfacción de necesidades del individuo, la cual se desarrolla mediante la socialización; la flexibilidad de los individuos para poder cambiar la fuente de satisfacción de sus necesidades y la posibilidad de buscar en forma continua la satisfacción de dichas necesidades, ya que la persona no tendrá muchos logros si abandona sus metas cuando se le presenten obstáculos.

Mechanic (1983) considera que el ajuste depende del grado de preparación de las personas para enfrentar los cambios y las adversidades de la vida. De acuerdo con el autor, el ajuste incluye tres dimensiones: la primera se refiere a que las personas pueden dirigirse hacia diversas metas, ambiciones y deseos, los cuales varían en grado, compromiso y motivación; la segunda considera que las habilidades de las personas para lograr sus metas dependen de sus capacidades y habilidades de afrontamiento y de las herramientas que han adquirido a lo largo de su vida para poder manejar ciertas situaciones, y la tercera postula que es inevitable que ante dificultades o aspectos inciertos, el proceso de afrontamiento o su anticipación evoque en el individuo ciertas dudas, ansiedades, miedos, fracasos o frustraciones. No obstante, para Mechanic (1983) el ajuste social en sí es un concepto difícil de definir, ya que implica un amplio margen de reacciones y de arreglos que las personas llevan a cabo ante las diferentes situaciones de la vida.

Existe, por lo tanto, una relación entre ajuste y afrontamiento, entendiendo por afrontamiento el esfuerzo cognoscitivo y conductual desarrollado para manejar demandas específicas en situaciones que, de acuerdo con la evaluación del individuo, rebasan sus recursos.

En un estudio llevado a cabo por Desatnik y Franklin (1992) para determinar si los estilos de afrontamiento utilizados por jóvenes universitarios pueden predecir el ajuste socioemocional, se determinó que ciertos estilos de afrontamiento predicen el desajuste (evitación y pensamiento ilusorio), mientras que el estilo de búsqueda de bienestar personal fue considerado como el predictor del ajuste en todas sus áreas.

McNamee (1982, citado en D'Aurora y Fimian, 1988) realizó un estudio con niños en el que señala tres categorías de afrontamiento ante situaciones estresantes: Nivel 1) Buenos afrontadores, son aquellos que se adaptan fácil y apropiadamente a situaciones que producen niveles altos de estrés; Nivel 2) Afrontadores adecuados, son quienes requieren un poco de esfuerzo para responder apropiadamente a las situaciones estresantes; y Nivel 3) Afrontadores excepcionalmente pobres, aquellos que son muy desorganizados y quienes continuamente se esfuerzan para superar las experiencias estresantes.

Por su parte, Goodstein y Lanyon (1975) piensan que la evaluación del ajuste de las personas es difícil de realizar y poco práctica si se pretende evaluar su calidad como una totalidad a lo largo de la vida, dado que el grado de ajuste puede variar dependiendo de cada situación; sin embargo, puede ser útil referirse a un rango de ajuste psicológico como una dimensión amplia en la que por un extremo se encontraría la competencia y la alta adaptación y, por el otro, la conducta inflexible y el desamparo o la impotencia. No obstante, cualquier definición del ajuste "ideal" depende en un alto grado de los valores culturales y sociales. Además, debe tenerse en cuenta que la calidad de ajuste puede variar según el tiempo y la situación a la que se enfrenta una persona, de tal forma que habrá ocasiones en las que el ajuste será adecuado y en otras difícil de lograr.

Lazarus y Folkman (1986) señalan tres enfoques respecto a la relación existente entre el individuo y la sociedad que permiten comprender el proceso de ajuste. El primero considera a la sociedad como un medio en el que se satisfacen las necesidades adaptativas básicas para la supervivencia física y psicológica del individuo. El segundo, que la sociedad es la que moldea a las personas y a los grupos; esto es, que las instituciones y las reglas sociales regulan las relaciones y determinan las emociones y la conducta. Así, la sociedad colabora en la definición de lo que es importante, adecuado o perjudicial y señala en qué forma pueden expresarse y dominarse las emociones. El tercer enfoque plantea que para comprender cómo la sociedad afecta a las personas, es necesaria una evaluación cognoscitiva como variable psicológica que relacione al individuo y al medio social.

Existen personas que, por su composición biológica, su competencia y habilidades adquiridas y por las situaciones a las que se han enfrentado son capaces de funcionar adecuadamente la mayor parte del tiempo, y satisfacer simultáneamente sus propias necesidades y las demandas de la situación inmediata; estas personas tienen también la habilidad de establecer relaciones afectivas y de ser productivas en su trabajo y en su carrera, mientras que, en el otro extremo, podrían estar aquellas personas que tienen pocos recursos o habilidades para enfrentarse a las demandas de la vida, o bien, aquellas que se ocultan o no desafían las diferentes situaciones que se les presentan (Goodstein y Lanyon, 1975).

Podemos inferir entonces que el proceso de ajuste está en función, por un lado, del individuo y de sus características, que incluyen necesidades, competencias, habilidades, así como su historia particular de desarrollo y experiencias y, por otro lado, de la situación en la que el individuo se encuentra y de las demandas que esta situación le impone.

Así pues, las experiencias a lo largo del desarrollo dan pauta para que las personas adquieran habilidades para afrontar tales circunstancias, de tal forma que les permitan ajustarse a diferentes situaciones tomando también en cuenta que las características de personalidad juegan un importante papel en los estilos de afrontamiento (Kobasa, 1979, citado en Lazarus y Folkman, 1986) y éstos, a su vez, en la adaptación tanto personal como social del individuo.

Adaptación y estrés

Las consecuencias adaptativas determinadas tanto por la evaluación como por el afrontamiento, hacen referencia al funcionamiento social del individuo, a sus valores, a su estado de bienestar y a su salud. La relación de identidades tanto individuales como sociales provoca cierto grado de confusión entre las personas y los sistemas sociales, y crea en algunos casos conflictos en el individuo, lo que trae como resultado el estrés. No obstante, en ciertos casos el estrés provoca que las personas desarrollen otros recursos adaptativos; de esta forma, las personas que se adaptan favorablemente a las diversas situaciones estresantes cuentan con un mayor dominio de habilidades para ajustarse a tales acontecimientos (Lazarus y Folkman, 1986).

De este modo, uno de los aspectos que afectan a la adaptación es el estrés, el cual hace referencia a la presión que una persona experimenta. En función de cómo perciba el sujeto esa presión, hablamos de estrés con connotaciones positivas y/o motivadoras, denominado eustrés, o bien, de estrés con connotaciones aversivas, productoras de emociones negativas (básicamente ira, ansiedad o tristeza) denominado distrés.

Selye (1956, en Cerdá, 1990) plantea que el Síndrome General de Adaptación o estrés consta de tres fases; en la primera (reacción de alarma) se presentan los cambios orgánicos durante las emociones; si el estímulo continúa, la persona pasa a la segunda fase (resistencia al estrés), en la que el organismo se recobra del impacto inicial y tiende a reaccionar con resistencia a la situación, lo que puede prolongarse agotando las reservas del sujeto y entonces se da la tercera fase (exhaustiva), en la que es raro que se presente el estrés emocional, ya que se observa más durante la exposición prolongada a temperaturas extremas.

Emociones como la ansiedad, el miedo, la tristeza, la culpa o la alegría son componentes básicos de la condición humana y juegan un papel importante en una función adaptativa y necesaria para la supervivencia de la persona. Por ejemplo, el miedo puede alertar a una persona de posibles peligros; la tristeza es la expresión de un pesar que facilita la compasión o el apoyo emocional por parte de los demás; la culpa dificulta la transgresión de las normas éticas.

Estas emociones presentan respuestas en los aspectos motor, cognitivo y fisiológico, entre las cuales se mencionan las siguientes:

- En el aspecto motor: conductas de evitación y escape, inquietud motora, conductas compulsivas e impulsivas e inhibición motriz
- En el aspecto cognitivo: preocupaciones, desmoralización, aprensión, mezcla de pensamientos, dificultades de atención y concentración
- En el aspecto fisiológico: alta activación del sistema nervioso autónomo que trae consigo una serie de cambios fisiológicos como taquicardia, mareos, sudoración, rubor, tensión en el estómago o dificultades respiratorias.

De acuerdo con el *Síndrome General de Adaptación* (SGA) que planteó Selye (1956), los trastornos psicofisiológicos aparecen cuando el estadio de resistencia del SGA se mantiene, lo que produce un deterioro de la energía y los recursos fisiológicos adaptativos del organismo, con el consiguiente agotamiento de los órganos, que lleva a la aparición de un trastorno como consecuencia del desgaste natural producido por el uso continuo o excesivo.

En el siguiente cuadro presentamos las respuestas adaptativas de ansiedad, según el punto de vista de Michal (1992).

Es difícil establecer la diferencia entre ansiedad normal y ansiedad patológica; sin embargo, Biondi (1989) cita cuatro aspectos que nos pueden ayudar a distinguir una de otra y que se relacionan tanto con las causas como con los efectos de la ansiedad. Estos son:

- Intensidad, frecuencia y duración de la ansiedad
- Proporción entre la gravedad objetiva de la situación y la intensidad de la respuesta de ansiedad
- Grado de sufrimiento subjetivo determinado por la ansiedad.
- Grado de interferencia en la vida cotidiana del sujeto (funcionamiento laboral, relaciones sociales, actividades de ocio)

Cambios fisiológicos	Beneficios
Dilatación de la pupila	Aumenta la discriminación visual para facilitar la respuesta de defensa o de ataque
Aumento de la frecuencia cardiaca y de la presión sanguínea	Se bombea más sangre al cerebro, pulmones, brazos y piernas, aportando más combustible y oxígeno
Aumento de la respiración	La respiración se hace más profunda y rápida para suministrar más oxígeno a los músculos
Tensión muscular	Los músculos se tensan y se preparan para la acción
Aumento de la transpiración	Refrigera el exceso de calor muscular
Secreción de glúcidos y lípidos al torrente sanguíneo	Aporta combustible para disponer rápidamente de energía
Liberación de factores de coagulación sanguínea	Se coagulan más rápidamente las heridas, lo que previene las hemorragias
Lentitud en la digestión	Se suministra mayor cantidad de sangre al cerebro y a los músculos

Cuadro 1.1

Cuando la ansiedad es moderada, desempeña una función adaptativa porque ayuda a la persona a afrontar una realidad nueva y a adoptar medidas de prevención; en algunas personas esta situación de ansiedad puede ser demasiado intensa e interferir negativamente en el proceso de recuperación. La ansiedad supone una percepción de amenaza personal al bienestar físico o psicológico. Esta percepción provoca que nuestro organismo presente una respuesta de lucha o de huida que será adaptativa según sea la gravedad objetiva de la situación, el tipo de personalidad del sujeto y la valoración realizada acerca del apoyo social y emocional, y de las estrategias de afrontamiento disponibles.

El control adecuado de la ansiedad está relacionado con niveles altos de salud y bienestar; por ello, no saber hacer frente de forma adaptativa al malestar generado por la ansiedad lleva consigo, por una parte, la huida de la situación o las respuestas pasivas de evitación y, por otra, la ejecución de respuestas activas inadaptativas que intentan aliviar la ansiedad. El primer caso abarca el ámbito de los trastornos fóbicos y de ansiedad e incluso de la expresión; el segundo está relacionado fundamentalmente con las adicciones (alcoholismo, tabaquismo, juego patológico, sobreingesta compulsiva), que pueden funcionar, desde esta perspectiva, como vías de escape o afrontamiento inadecuadas ante la ansiedad.

Teorías de la personalidad

Para el análisis de la adaptación, algunos psicólogos adoptan exclusivamente una teoría, pero la mayoría sigue un enfoque ecléctico, esto es, combinan diversas teorías según convenga a sus propios criterios y los aplican tanto en la evaluación como en la intervención (Kendall, 1992).

Una de las herramientas de las que se sirve el psicólogo es la de diversas teorías de la personalidad; mediante ellas se establecen criterios para determinar cómo es posible el comportamiento de las personas y con ello precisar cuáles son las capacidades con las que cuenta la persona y, a partir de esto, fijar la intervención. Al tratar de explicar las causas del funcionamiento humano surgieron las teorías de la personalidad: psicodinámicas, de autorrealización y de aprendizaje social, principalmente.

Aunque no de forma explícita, las teorías de la personalidad determinan el estudio y la comprensión de la conducta de inadaptación. A continuación hacemos una breve revisión de conducta desadaptada desde tres diferentes teorías.

Dentro de la teoría psicodinámica, la adaptación es considerada como la ausencia relativa de represión. Este proceso surge a partir del temor de ciertos contenidos del inconsciente hacia la conciencia, lo que provoca que la persona adopte varias conductas defensivas (síntomas, como por ejemplo, las compulsiones, fobias y, en casos extremos, la pérdida de contacto con la realidad). Una persona normal reconoce los impulsos agresivos o sexuales sin recurrir a mecanismos de defensa que obstaculizan la capacidad para trabajar, amar y jugar.

Es así que los síntomas son el resultado del conflicto entre el ello, el yo y el superyo y la conducta desviada es consecuencia de una patología interna.

Para los conductistas radicales no existen eventos no observables como son los pensamientos o los deseos, ya que sólo es válido el estudio de la conducta observable. No obstante, en los últimos años, algunos conductistas han aceptado la existencia de cogniciones; a partir de ello consideran a la conducta desadaptada no sólo como una manifestación externa de una entidad interna, sino como aquella conducta indeseable; por ejemplo, si se piensa que se va a fracasar ante una exposición, los pensamientos nos llevarán a que lo que ya teníamos planeado resulte en una exposición poco convincente.

Desde este punto de vista, es posible hablar de la teoría del aprendizaje según la cual la conducta desadaptada se presenta cuando la persona asigna un alto valor a la satisfacción de una necesidad particular y, sin embargo, tiene pocas expectativas de éxito para obtenerla; por ejemplo, si tiene deseos de amor, pero no espera ser correspondido, existe la posibilidad de presentar conductas, pensamientos y sentimientos de inadaptación.

Por otro lado, cuando el objetivo es seleccionar o clasificar a la persona a partir de determinada situación, se busca la adaptación o ajuste recíproco entre el sujeto y la situación; esta adaptación alude a la capacidad que posee la persona para responder a las demandas de la situación, mediante la cual pretende satisfacer sus intereses; es así que la adaptación permite la satisfacción. De esta forma, para describir la personalidad se parte de dos enfoques:

1. El psicométrico, cuyo objetivo es obtener una estimación numérica de cada una de las dimensiones o características de la personalidad individual, y
2. El clínico, en el cual se emplean observaciones, entrevistas y otras técnicas que permiten obtener información sobre las necesidades, intereses, problemas y conflictos del individuo.

En el primer enfoque el individuo es sometido a un conjunto de preguntas en forma de cuestionario o de inventario, que suele presentar posibles respuestas de tipo cerrado. El psicómetra tiende a elegir para su estudio sólo aspectos de la personalidad que sean factibles para construir preguntas objetivamente punteables; por lo tanto, se trata de evitar aspectos que no sean posibles de definir, ya que su posterior calificación seguiría el juicio del que aplica el cuestionario cometiendo con ello un error.

En el enfoque clínico, el psicólogo prefiere los cuestionarios y las respuestas abiertas, así como situaciones en las que el individuo tenga la oportunidad de interpretar la pregunta como él la percibe y proporcionar información sobre él que pueda ser interpretada subjetivamente.

Para la mayoría de las personas la personalidad ha sido un tema de gran interés; la Psicología busca predecir la conducta futura desde el punto de vista científico. A lo largo de la historia han existido numerosas versiones sobe el concepto de personalidad. Fernández-Ballesteros plantea que "[...]en la mayoría de ellas, la personalidad es aquello que permite prever las tendencias estables de una persona a comportarse de una determinada manera en diferentes situaciones" (1996, p. 17). En general, pretende realizar estudios objetivos y científicos sobre la forma de comportarse de las personas.

Por su parte, las teorías que enfatizan el comportamiento del cuerpo como su objeto de estudio, realizan evaluaciones de temperamentos, caracteres y constituciones, y se sirven de la observación para obtener información.

Por otro lado están las teorías que plantean que la conducta tiene un origen mental y que evalúan procesos subjetivos a partir del lenguaje, ya que enfatizan la conducta verbal. Las teorías basadas en las emociones evalúan los conflictos y el método que emplean para hacerlo es la proyección, mientras que las teorías que explican la conducta por las circunstancias ambientales se enfocan al estudio de las relaciones funcionales, sobre todo de la conducta motora. Los orígenes de la explicación de la personalidad se remontan hasta la cultura griega, en la que las reacciones corporales eran un factor determinante de la conducta.

Para Phares (1996), los conceptos sobre personalidad son formas de describir la realidad; así pues, los diferentes puntos de vista y teorías de la personalidad dependen de las experiencias de varios teóricos. Sin embargo, las teorías de la personalidad tienen dos funciones principales: proporcionar un medio para poder explicar la forma en que las personas adquieren y cambian su conducta y, además, ayudar a comprender las diferencias entre individuos en cuanto a la expresión de dichas conductas. Entonces, el fin de las teorías de la personalidad en general es el de ayudar a comprender y predecir a los individuos y a su conducta. Para el psicólogo, además resalta el significado de adaptación y desviación; independientemente del punto de vista de cualquier teoría de la personalidad, se trata de determinar el diagnóstico y estudiar la conducta desviada.

Kendall (1998) plantea que los psicólogos esencialmente siguen tres concepciones que proporcionan supuestos básicos acerca de cómo interactúan las personas y su medio, así como las categorías en las que es posible situar y organizar los datos; estas son: *a)* de la personalidad, *b)* del desarrollo y la adaptación, y *c)* de los grupos y las comunidades sociales.

Los supuestos constituyen la base para pronosticar lo que las personas harán en el futuro, permitiendo al psicólogo clínico prever las necesidades, los problemas y las posibilidades de los clientes. A partir de las categorías es posible detectar y ubicar los temas centrales, así como los aspectos fundamentales, de los actos de las personas, sus pensamientos, sus sentimientos y sus contextos.

Según este autor, son necesarios cuatro tipos de adaptación:

1. Procesos fisiológicos. La restitución, la preparación y la excitación son tres procesos fisiológicos básicos de adaptación; estos son coordinados por el cerebro, así como el lenguaje, la toma de decisiones lógicas y la percepción.
2. Procesos cognoscitivos. Mediante el pensamiento pueden modificarse las reacciones fisiológicas, conductuales y emocionales que se presentan ante estímulos provenientes del cuerpo y del medio a los que hay que adaptarse. La memoria y la toma de decisiones son componentes interrelacionados de un proceso de cuatro etapas, necesario para la adaptación cognoscitiva: *a)* seleccionar los estímulos provenientes del cuerpo y del medio no pertinentes con la situación actual y detectar aquellos que obstruirían el proceso de adaptación; *b)* investigar y comparar, es decir, se activa la memoria a largo plazo de la persona con el fin de buscar una estrategia para manejar la situación problema; *c)* buscar y ensayar sólo si en la memoria a largo plazo no se encontró una solución satisfactoria; y *d)* evaluar y modificar (si es necesario) la estrategia de acción elegida.
3. Procesos emocionales. Todos tenemos sentimientos; así, las emociones positivas son muestra de que todo va bien, las emociones negativas se presentan en situaciones problemáticas. Las emociones implican variaciones en la excitación fisiológica, en la denominación cognoscitiva y en las respuestas conductuales; de esta forma el estado emocional del sujeto y, por tanto, su adaptación, dependerán de dichas variaciones.
4. Procesos conductuales. Existen tres principios de adaptación conductual dentro de la evaluación de la persona: antecedentes, consecuencias (reforzamiento, castigo, extinción) y modelamiento.

Evaluación de la adaptación

Para evaluar la adaptación, muchos de los cuestionarios permiten autorregistrar todas y cada una de las situaciones y experiencias contenidas por el propio sujeto.

Son muchos los cuestionarios o las pruebas que evalúan la personalidad: desde los proyectivos, basados en dibujos, hasta formatos más objetivos que consideran las respuestas conductuales, fisiológicas y emocionales de los individuos; asimismo, como un componente de la personalidad, también hay instrumentos que se centran en la adaptación de las personas, entre ellos se encuentra el *Cuestionario de ajuste socioemocional* (basado en el Minnesota Counseling Inventory), el *Test autoevaluativo multifactorial de adaptación infantil*, y el *Cuestionario de adaptación para adolescentes y adultos* de H.M. Bell. Estos últimos cuestionarios fueron adaptados y normalizados para la población española por E. Cerdá (1987); sus reactivos evalúan cuatro áreas de adaptación en su versión para adolescentes y cinco en la de adultos:

1. Adaptación familiar. Los individuos que obtienen una puntuación elevada en esta escala tienden a estar mal adaptados a su medio familiar; por el contrario, puntuaciones bajas denotan una adaptación familiar satisfactoria.
2. Adaptación a la salud. Las puntuaciones bajas indican un buen índice de salud física; puntuaciones altas, un mal índice de salud. En esta escala, el índice de salud se refiere a que el sujeto haya padecido o padezca muchas o pocas molestias de posible origen orgánico.
3. Adaptación social. Las puntuaciones altas caracterizan a individuos sumisos y retraídos socialmente; puntuaciones bajas caracterizan a personas dominantes.
4. Adaptación emocional. Los individuos que obtienen puntuaciones altas tienden a ser inestables emocionalmente; las puntuaciones bajas caracterizan a personas estables en el área emocional.
5. Adaptación profesional (en la de adultos). Los individuos con puntuaciones altas tienden a estar descontentos con su desempeño y ambiente laboral; las puntuaciones bajas se obtienen en individuos que se sienten satisfechos en lo que se refiere a su ocupación.

El *Test Autoevaluativo Multifactorial de Adaptación Infantil* (TAMAI) define a la inadaptación como "la incapacidad de la persona para acoplarse y estar a gusto consigo misma o con el ambiente donde tiene que vivir" (Hernández, 1996, p. 27). Este test se aplica a personas que tienen entre ocho y 18 años de edad. En él se evalúa la inadaptación en cuatro escalas:

1. Inadaptación personal. Se considera el desajuste de la persona consigo misma y con la dificultad personal para aceptar la realidad tal como es.
2. Inadaptación escolar. Evalúa la insatisfacción y el comportamiento inadecuado respecto a las actitudes frente al aprendizaje, los compañeros y los profesores.
3. Inadaptación social. Evalúa la falta de control social o de respeto y consideración a los demás y a las normas establecidas.
4. Insatisfacción familiar. Se considera dentro de esta escala el clima que priva en el hogar, la relación con los padres, la relación con los hermanos y los conflictos internos derivados de las relaciones familiares.

Por otro lado, está el *Inventario de Adaptación de Conducta* (IAC), que se aplica a adolescentes a partir de los 12 años de edad. Este inventario plantea que el adolescente vive frecuentes problemas de adaptación debido a las exigencias del medio: la familia, la escuela y la sociedad, aunados a los cambios de personalidad y físicos que presenta.

En este inventario se evalúa la adaptación en cuatro áreas: la primera se refiere al aspecto personal y considera los cambios físicos y los sentimientos que los acompañan. La segunda área, la familiar, observa el comportamiento que presenta el adolescente con su familia; la tercera área, la escolar, examina el comportamiento que presenta el adolescente en la escuela, tanto con sus compañeros como con sus profesores. En la última área se mide la adaptación social, es decir, sus conductas negativas, de aislamiento, sus actitudes críticas y la inseguridad.

Finalmente, otro instrumento para evaluar la adaptación lo constituyen las *Escalas Magallanes de Adaptación* (EMA) cuyo objetivo es calificar con mayor precisión los distintos niveles de ajuste en jóvenes de 12 a 18 años en los diferentes contextos sociales en que se desenvuelven.

En esta escala se plantea que la adaptación es el conjunto de clases de respuesta del sujeto ante una variedad de contextos estimulares: padres, profesores, compañeros, el centro de estudio y uno mismo.

Así, las escalas que se consideran son:

- En el ámbito familiar: adaptación al padre y adaptación a la madre.
- En el ámbito escolar: adaptación a los profesores, adaptación a los compañeros y adaptación genérica al centro educativo.
- En el ámbito personal: adaptación personal.

Normalización del cuestionario de adaptación para adolescentes de Bell

Con la finalidad de contar con un instrumento que evalúe el grado de adaptación que presentan los adolescentes mexicanos, se realizó la normalización del cuestionario de adaptación para adolescentes de H.M. Bell (del Bosque, en proceso). Este cuestionario fue adaptado por el Dr. E. Cerdá en 1963. Se aplica, ya sea individual o colectivamente a jóvenes entre 12 y 17 años de edad, con una duración aproximada de 25 minutos.

El cuestionario permite obtener el grado de adaptación de jóvenes de ambos sexos y localizar las dificultades adaptativas en los cuatro campos que mide. Está compuesto de 140 reactivos planteados en forma de preguntas y existen dos formas, una para varones y otra para mujeres. En su versión original fue validado mediante entrevistas realizadas a 400 estudiantes de diferentes niveles de bachillerato, que eran calificados como muy "buenos" estudiantes y muy "malos" estudiantes; se seleccionaron los reactivos que diferenciaban entre el 15% de individuos superior y el 15% inferior en una distribución de las notas obtenidas mediante el procedimiento o la fórmula de Sperman.

La adaptación fue normalizada mediante la revisión del protocolo original y su aplicación a aproximadamente 500 jóvenes de ambos sexos que vivían en Barcelona y que eran estudiantes de bachillerato, de clase media acomodada de entre 12 y 17 años de edad; como resultado de este análisis se modificaron 14 reactivos del cuestionario original, debido a problemas de ambigüedades y dudosa comprensión.

La versión española cuenta con un manual que describe la prueba y presenta cuadros de interpretación de los resultados de acuerdo con el sexo y la edad de los jóvenes. Asimismo presenta cinco grados de interpretación: adaptación excelente, buena, normal, no satisfactoria y mala.

Los sectores que mide son los siguientes:

A. Adaptación familiar: los individuos que obtienen una nota elevada en esta escala tienen tendencia a estar mal adaptados a su medio familiar; por el contrario, las notas bajas indican una adaptación familiar satisfactoria.
B. Adaptación a la salud: notas elevadas indican una adaptación a la salud satisfactoria; notas bajas, una adaptación satisfactoria.
C. Adaptación social: los individuos que tienen una nota elevada tienden a ser sumisos y retraídos en su forma de contactar socialmente.
D. Adaptación emocional: los individuos con notas elevadas tienden a ser inestables emocionalmente; las personas con notas bajas tienden a ser estables emocionalmente.

Para obtener la calificación o nivel de adaptación familiar se coloca la clave de corrección correspondiente sobre el cuestionario, de forma que coincidan los orificios con los números correspondientes de cada página; luego hay que contar cada una de las respuestas que estén rodeadas con un círculo y que coincidan con los orificios de la clave de corrección. Una vez sumadas todas las respuestas, la cifra obtenida se anota en la primera página del cuestionario, en la casilla debajo de la P (puntuaciones) y al lado del Sector A. De igual forma se procederá con los otros tres Sectores, utilizando las claves adecuadas y registrándolo también en los recuadros preparados para tal efecto en la parte inferior de la primera página.

En las casillas debajo de la D (Descripción) se colocará el calificativo de los Sectores explorados que son: *a)* Familiar, *b)* Salud, *c)* Social y *d)* Emocional. Finalmente, en las casillas situadas debajo de la R (Rangos), se pone el término que corresponda para expresar en palabras la puntuación obtenida: Excelente, Buena, Normal, No Satisfactoria y Mala.

Para la normalización realizada en México, se consideró la confiabilidad del instrumento, así como la posibilidad de encontrar diferencias significativas en los puntajes entre los diferentes grupos a los que se les aplicó el cuestionario, que en este caso fue a una muestra conformada por 743 estudiantes (382 mujeres: 198 de secundaria y 184 de preparatoria, y 361 hombres: 177 de secundaria y 184 de preparatoria de la zona metropolitana de la ciudad de México), considerando seis delegaciones del Distrito Federal y seis municipios del Estado de México.

En primer lugar se analizó la confiabilidad total del instrumento y se obtuvo un Coeficiente Alpha de Cronbach de 0.9140, lo que indica que el cuestionario cuenta con una alta consistencia interna.

Considerando que el cuestionario se califica por las respuestas que indican desadaptación, los porcentajes obtenidos se muestran en el siguiente cuadro:

	Secundaria		*Preparatoria*	
Área	*Mujeres*	*Hombres*	*Mujeres*	*Hombres*
Emocional	34.5	29.2	32.6	30.3
Salud	17.0	17.8	18.5	19.1
Social	26.7	32.0	26.7	27.5
Familiar	21.8	21.0	22.2	23.1

Cuadro 1.2 **Porcentajes de respuestas desadaptativas de mujeres y hombres de secundaria y preparatoria.**

Observemos que el área en la que se obtuvo mayor porcentaje de respuestas de desadaptación en las mujeres de secundaria fue la Emocional (34.5%), mientras que los hombres del mismo nivel escolar presentaron mayor porcentaje de desadaptación en el área Social (32%). El área de menor porcentaje en ambos géneros fue la de Salud (17% para las mujeres y 17.8% para los hombres). Igualmente, para el nivel preparatoria, hombres y mujeres obtuvieron menor porcentaje de respuestas desadaptativas en el área de Salud (18.5% en las mujeres y 19.1% en los hombres); asimismo, para los dos géneros el área de mayor porcentaje de desadaptación fue la Emocional (32.6% en mujeres y 30.3% en los hombres).

Posteriormente se normalizaron las puntuaciones obtenidas en cada área con base en percentiles y considerando la misma descripción del cuestionario adaptado en España por Cerdá (1987) para establecer los rangos. Estos resultados se muestran en los siguientes cuadros:

Área	Puntajes	Rango
Emocional	0-3 4-9 10-17 18-27 28 o más	Excelente Buena Normal No satisfactoria Mala
Salud	0-5 6-9 10-17 18-29 30 o más	Excelente Buena Normal No satisfactoria Mala
Social	0-4 5-9 10-18 19-27 28 o más	Excelente Buena Normal No satisfactoria Mala
Familiar	0-4 5-10 11-19 20-25 26 o más	Excelente Buena Normal No satisfactoria Mala

Cuadro 1.3 Normalización de los puntajes del total de la muestra.

Área	Puntajes	Rango
Emocional	0-3 4-9 10-17 18-27 28 o más	Excelente Buena Normal No satisfactoria Mala
Salud	0-5 6-9 10-17 18-29 30 o más	Excelente Buena Normal No satisfactoria Mala
Social	0-5 6-10 11-18 19-27 28 o más	Excelente Buena Normal No satisfactoria Mala
Familiar	0-4 5-10 11-18 19-26 27 o más	Excelente Buena Normal No satisfactoria Mala

Cuadro 1.4 Normalización de los puntajes de las mujeres que cursan secundaria.

Área	Puntajes	Rango
Emocional	0-3	Excelente
	4-10	Buena
	11-17	Normal
	18-27	No satisfactoria
	28 o más	Mala
Salud	0-5	Excelente
	6-9	Buena
	10-17	Normal
	18-29	No satisfactoria
	30 o más	Mala
Social	0-4	Excelente
	5-9	Buena
	10-17	Normal
	18-29	No satisfactoria
	28 o más	Mala
Familiar	0-4	Excelente
	5-10	Buena
	11-17	Normal
	18-26	No satisfactoria
	27 o más	Mala

Cuadro 1.5 Normalización de los puntajes de los hombres que cursan secundaria.

Área	Puntajes	Rango
Emocional	0-3	Excelente
	4-9	Buena
	10-17	Normal
	18-27	No satisfactoria
	28 o más	Mala
Salud	0-4	Excelente
	5-8	Buena
	9-17	Normal
	18-29	No satisfactoria
	30 o más	Mala
Social	0-4	Excelente
	5-9	Buena
	10-18	Normal
	19-27	No satisfactoria
	28 o más	Mala
Familiar	0-5	Excelente
	6-11	Buena
	12-19	Normal
	20-25	No satisfactoria
	26 o más	Mala

Cuadro 1.6 Normalización de los puntajes de las mujeres que cursan preparatoria.

Área	Puntajes	Rango
Emocional	0-3 4-9 10-17 18-27 28 o más	Excelente Buena Normal No satisfactoria Mala
Salud	0-5 6-9 10-19 20-30 31 o más	Excelente Buena Normal No satisfactoria Mala
Social	0-3 4-8 9-16 17-27 28 o más	Excelente Buena Normal No satisfactoria Mala
Familiar	0-4 5-10 11-19 20-24 25 o más	Excelente Buena Normal No satisfactoria Mala

Cuadro 1.7 Normalización de los puntajes de los hombres que cursan preparatoria.

Para considerar la existencia de diferencias significativas entre los grupos, se aplicó la prueba *t de student* tomando los puntajes presentados por las mujeres y los hombres tanto de secundaria como de preparatoria. Este análisis demostró que no existen diferencias significativas entre los diversos grupos estudiados.

Por último, cabe mencionar que se encuentra en proceso el análisis de una muestra mayor (1 200 estudiantes) con la finalidad de contar con mayor confiabilidad en la normalización, además de que también está en proceso la normalización del *Cuestionario de adaptación para adultos* con una población de 1 100 personas que habitan en la zona metropolitana del Distrito Federal (Gutiérrez, en proceso).

Bibliografía

Bell, H.M. (1990). *Cuestionario de Adaptación para Adolescentes*. España: Editorial Herder.
Bell, H.M. (1990). *Cuestionario de Adaptación para Adultos*. España: Editorial Herder.
Cerdá, E. (1987). *Una Psicología de hoy*. España: Editorial Herder.
D´Aurora, D. Y Fimian, M. (1988*).* "Dimensions of life and school stress experienced by young people". *Psychology in the schools*. Vol. 23, pp. 44-53.
Desatnik, O. y Franklin (1992). *Estilos de afrontamiento al estrés y su relación con el ajuste socioemocional*. Tesis grado de maestría. México: Universidad Anahuac.
Fernández-Ballesteros, R.C. (1996). *Evaluación psicológica*. España.
Goodstein, L. y Lanyon, R. (1975). *Adjustment and personality*. New York: Addison Wesley Publishing Co.
Hernández, H. P. (1996). *Test Autoevaluativo Multifactorial de Adaptación Infantil* (TAMAI). España: Ediciones TEA.
Horrocks, J.(1984). *Psicología de la adolescencia*. México: Trillas.
Inventario Adaptación de Conducta (IAC). Departamento I + D de TEA Ediciones. España: TEA Ediciones.
Lazarus, S. R. y Folkman. (1986). *Estrés y procesos cognitivos*. México: Martínez Roca.
Mechanic, D. (1983). "Stress and social adaptation". *Selye´s Guide to stress research*. Vol. 2, pp. 118-133. New York: Ed. Hans selye cientific and academc editions.
Orte, S.C. y March, C.M.X. (1996). *Pedagogía de la inadaptación social*. España: NAU llibres Serie educación social.
Palmero, F. Y Fernández Abascal, G.E. (1989). *Emociones y Adaptación*. España: Editorial Ariel Psicología.
Phares, J. (1996). *Psicología Clínica*. México: Editorial Manual Moderno.

2

Evaluación de la conducta tipo A

Rosalva Bautista García
Norma Yolanda Rodríguez Soriano
Laura Edna Aragón Borja
UNAM, FES-*Iztacala*

El patrón de conducta Tipo A o patrón de conducta de riesgo coronario, es un síndrome comportamental o estilo de vida caracterizado por extrema competitividad, motivación para el logro, agresividad, impaciencia, apresuramiento, inquietud y sensación de estar en desafío con la responsabilidad y bajo premura de tiempo.

Existe evidencia científica de que el patrón de conducta Tipo A está altamente correlacionado con enfermedades coronarias o con mayor riesgo de padecimiento de enfermedades físicas, puesto que las personas que la presentan parecen generar respuestas fisiológicas mayores, ante cambios físicos o emocionales.

En la actualidad, la mayoría de las personas que vivimos en las grandes ciudades tenemos un ritmo de vida muy acelerado o estresante, lo cual ocasiona consecuencias negativas en la salud tales como hipertensión arterial, cardiopatías isquémicas, problemas gastrointestinales, entre otros; incluso esa manera tan acelerada de vivir nos lleva a tener sentimientos de soledad, tristeza o agresión.

Las mujeres se insertan cada vez más ampliamente en el campo laboral, y tienen que cumplir no sólo con un trabajo renumerado, sino también con actividades del hogar, de atención a los hijos y el papel de esposas. Una línea de investigación de esta situación que enfrentan las mujeres diariamente, se ha interesado por detectar los efectos que ese ritmo de vida puede tener en su salud. La literatura indica que hay un patrón conductual llamado conducta Tipo A asociado a problemas principalmente coronarios, por lo cual es importante detectar la presencia de dicho patrón conductual en las mujeres, para prevenir los trastornos coronarios que pueden llevar a la muerte o bien los problemas de tipo psicológico que acarrea este tipo de conducta.

En este capítulo abordaremos, en primer lugar, la conceptualización de la conducta Tipo A; enseguida, expondremos diversos métodos de evaluación de dicha conducta, y por último describiremos una investigación realizada en México acerca de la conducta Tipo A en mujeres amas de casa versus mujeres que además de ser amas de casa también trabajan.

El patrón de conducta Tipo A

Entendemos por patrón de conducta Tipo A al estilo particular de evaluación y afrontamiento ambiental que está caracterizado, como lo indican Jenkins, Zizanski y Rosenman (1992), por una extrema competitividad, motivación de logro, agresividad (algunas veces contenida con esfuerzo), apresuramiento, impaciencia, inquietud, hiperalerta, explosividad en el habla, tensión en los músculos faciales, sensación de estar bajo presión del tiempo y en desafío con la responsabilidad. Así, las personas que tienen este patrón usualmente se entregan a su vocación o profesión pero descuidan otros aspectos de sus vidas. Sin embargo, no todas las características de este síndrome o patrón tienen que darse en una persona para que sea clasificada como poseedora del mismo (Gentry y Williams, 1979; Lamude, 1993; Gamble y Matteson, 1992; Hust, 1986; Houston, Kent y Snyder, 1988); no obstante, los estudiosos están de acuerdo en que, para que se pueda considerar a la conducta como Tipo A, deben existir tres componentes básicos que son: la urgencia del tiempo, competencia por el logro y hostilidad. Las características de dicho patrón son las mismas para hombres y mujeres, aunque inicialmente sólo se atribuían a los varones, pero con las recientes investigaciones se acuerda que también el sexo femenino las presenta.

De esta manera, vemos que las personas consideradas como Tipo A son conscientes, intensamente responsables, inflexibles, establecen altos grados de ejecución porque necesitan vencer sus récords anteriores en calidad y rapidez; sus fuentes de gratificación son por lo general su trabajo y vocación competitivas, prefieren ser respetadas por lo que hacen y no por lo que son. Mantienen su autovaloración, su necesidad de competencia y valor social por su gran productividad, anhelan el poder o liderazgo aunque lo nieguen cuando se les pregunta directamente. La necesidad de autocontrol es una característica clave de la personalidad Tipo A, porque si se ven frente a la amenaza de pérdida de control de alguna cosa o personas a su alrededor reaccionan de manera apresurada y demandante.

Asimismo, estas personas siguen una línea de pensamientos diferentes o acciones aparentemente simultáneas. Por ejemplo, trabajan mientras comen, calculan o planean cuando manejan un automóvil, leen cuando se afeitan o hacen tres cosas a la vez; anticipan lo que llegará y sus reacciones a eso que va a presentarse, esto es, una "reacción anticipadora de reacción a las metas". Además, su expresión y postura vigilante los hace verse alerta y listos para moverse; son compulsivos para hacer sus cosas, luchan por eliminar barreras y aunque no parecen fatigados muchas veces se ven mal humorados.

Por lo tanto, la ansiedad es más fácilmente detectada en las personas Tipo A, pero ellas creen inhibir sus expresiones de hostilidad o agresividad cuando se demoran o fracasan, en las situaciones de trabajo las personas Tipo A se sienten frustradas con mayor frecuencia, indican que su capacidad es superior a la de sus supervisores y subordinados, que pueden derrotar cualquier obstáculo, aunque en situaciones de repetida demora o derrame emocional revelan su inseguridad y sentimientos de inferioridad. En una conversación, son ellas quienes la inician y no paran de hablar; responden antes de que la otra persona complete la pregunta; hablan con sílabas cortadas, su fluidez verbal es regularmente alternada con palabras explosivas cuando titubean o vacilan en su pensamiento; acentúan las palabras con un volumen explosivo, no derrochan palabras y hablan directamente al punto. Asimismo, tienen flashes momentáneos de sonrisas, tirando de los extremos de la boca con una firme línea horizontal en los labios; rompen el ritmo respiratorio con un pesado suspiro y profundas inhalaciones durante una conversación, e inhalan más aire que el necesario, soltándolo a la mitad o al final de una secuencia con un suspiro espiratorio, para suplir sus emociones bajo presión.

También hacen enérgicos movimientos, gestos de tensión e inician movimientos abruptamente; aprietan las manos o puños cuando están tensos, sacuden la mano con un fuerte apretón y activo movimiento al saludar; al estar sentadas o de pie se ven nerviosas, dan golpecitos con los pies o utilizan los nudillos de una manera rítmica; juegan con una pluma o sacuden la pierna con movimientos que tienden a ser rápidos, rítmicos y repetitivos dando la impresión de un exceso de energía en su cuerpo, lo cual evidencia su inquietud e impaciencia. Las personas Tipo A tienden a ser más agresivas sexualmente que las Tipo B.

Una vez descrita la conducta Tipo A es prudente definir la conducta Tipo B que es contraria al patrón anterior y puede ser definida como: "[...] una forma de ser serena y calmada, en la que la presión del tiempo, los niveles de irritabilidad, de competitividad, dominancia y la conciencia del límite de su rendimiento, son adecuados" (Yarnold y Grimm, 1986; en Romero y León, 1989, p. 352).

Ser una persona con patrón de conducta o con personalidad Tipo A trae algunas consecuencias a nivel biológico y social como presentar cuadros depresivos, promovidos por una sensación de poseer pocas satisfacciones; además, este tipo de personalidad incrementa los cuadros de angina de pecho.

Para Matthews (1986), los sujetos Tipo A presentan una alta presión sanguínea, mayor tasa cardiaca y más cortisol que los sujetos Tipo B. Se han encontrado resultados más significativos cuando las situaciones experimentales permiten mayor enfrentamiento al fracaso, hostigamiento, tareas que demandan competencia, durante interacciones personales o cuando hay que seguir instrucciones que exigen altos niveles de involucramiento. Además, en investigaciones para evaluar la hostilidad como un componente de la conducta Tipo A, surgió una asociación con la enfermedad de la arteria coronaria (Barefoot, Dahlstrom y Williams, 1983; Shekelle, Gales, Oatfeld y Paul, 1983 y Williams y cols., 1980; en Houston, Kend y Snyder, 1988).

Las consecuencias psicológicas y sociales de tener un patrón de conducta Tipo A específicamente en mujeres son de gran importancia puesto que un ritmo de vida acelerado, la hostilidad o el estrés ocasionan, como nos indica Vidal (1990), cansancio físico y mental constante, insomnio, sentimientos de soledad, tristeza, depresión, problemas de pareja e incluso en lo social hay un abandono o semiabandono de los hijos y con ello mayor riesgo de accidentalidad domiciliaria, delincuencia, alcoholismo y fármaco-dependencia, entre otros problemas. De igual manera, el patrón de conducta Tipo A tiene otras consecuencias sociales y personales que pueden reflejarse en el apoyo social, en el bienestar y en la autoeficacia real; de hecho, en el Proyecto para la Prevención de la Reaparición del Trastorno Coronario (Recurrent Coronary Prevention Project) de Friedman (1986; cit. en Evans, 1995), se encontró que la tasa de sujetos que vuelven a tener un infarto es inferior cuando hay un tratamiento psicológico e incluso muestran mejoras significativas en la autoeficacia, el apoyo social y el bienestar.

Los reportes de algunos estudios que asociaron la conducta Tipo A con enfermedades de la arteria coronaria señalan una relación positiva entre mujeres de 45 a 64 años de edad, aunque su estado de empleo (mujeres que trabajan o amas de casa) no afectó dicha relación. De hecho, la literatura especializada considera como principales consecuencias del patrón de conducta Tipo A a las enfermedades coronarias o también llamadas cardiopatías isquémicas (problemas en las arterias cardiacas caracterizados por una reducción total o parcial del aporte sanguíneo al corazón). Su relevancia radica en que son una de las principales causas de incapacidad o muerte en los países industrializados; por ejemplo, en Estados Unidos ocasionan el 40% de la mortalidad total (Robbins y Cotran, 1987).

En el caso concreto de América, la Organización Panamericana de la Salud indicó en 1985 que los problemas cardiovasculares eran la principal causa de muerte en 31 países de la región, aunque en Estados Unidos y Canadá las tasas de mortalidad por el mismo motivo han bajado. Específicamente en México, Martínez (1975; cit. en Lozano, Escamilla, Escobedo y López, 1990) reportó que las enfermedades del corazón junto con los tumores y las enfermedades cerebrovasculares son las principales causas de muerte en personas de 60 años o más.

Estudios más recientes en nuestro país, han establecido que las tendencias de mortalidad de 1965 a 1980 de las enfermedades crónico-degenerativas y en particular las del corazón fueron ascendentes; aumento que coincide con la disminución de las muertes por enfermedades infecciosas; la sobremortalidad masculina observada aumentó en los jóvenes y tendió a disminuir en los mayores de 60 años. Por su parte las mujeres mostraron un descenso marcado de mortalidad en las edades comprendidas entre 30 a 59 años y se incrementaron las defunciones en las mayores de 70 años. Estas tendencias cambiaron en 1985: la población masculina del norte del país presentaba un exceso de riesgo de 65% y la femenina de 31%. Lo contrario ocurre en las regiones de Hidalgo, Guerrero, Chiapas, Quintana Roo, Puebla, Tlaxcala, Morelos, Querétaro, Estado de México, Guanajuato, Michoacán, Veracruz, Aguascalientes y San Luis Potosí donde el riesgo de morir por cardiopatía isquémica es menor que el promedio nacional, pero el Distrito Federal también muestra un exceso de riesgo. Aunque las tasas de mortalidad son mayores al período de 1950 a 1965, observamos que son más elevadas en el Norte que en el resto del país con excepción del Distrito Federal (Lozano, Escamilla, Escobedo y López, 1990).

Los datos anteriores pueden explicarse por diversos factores de riesgo para las enfermedades de la arteria coronaria, porque de la década de 1960 en adelante los patrones de la enfermedad cambiaron. Las enfermedades crónicas del corazón a partir de entonces han estado relacionadas con los hábitos de salud individuales, con habilidades de adaptación a las demandas económicas, sociales, culturales y por el contacto con agentes tóxicos (Latorre y Beneit, 1992; Snyder, 1989).

Por lo tanto, la presencia o ausencia de ciertos comportamientos es lo que determina que seamos personas sanas o enfermas porque los buenos hábitos o conductas de salud promueven o facilitan un estado de salud general, por ejemplo: el hacer ejercicio físico, no fumar, utilizar el cinturón de seguridad entre otros, reducen los riesgos asociados a determinados trastornos. En este punto podemos citar a Matthews (1986), quien indica que las variables asociadas con la presencia de enfermedades coronarias incluyen la edad, raza, género, estado civil y factores socioeconómicos como el nivel de educación, ocupación, lugar de residencia, movilidad social e ingresos así como el patrón de conducta Tipo A. Alrededor de este patrón de conducta existe una gran controversia tanto en su definición, evaluación e incluso en su estatus de factor de riesgo para cardiopatías isquémicas; sin embargo, Evans (1995) comentó que en 1981 un grupo de científicos norteamericanos reunidos en el National Heart Lung y Blood Institute propuso que la conducta Tipo A se incluyera en la lista oficial de factores de riesgo tradicionales, junto a los altos niveles de colesterol y presión sanguínea, entre otros.

A continuación, presentaremos algunos estudios que describen características del patrón de conducta Tipo A y su relación con las cardiopatías isquémicas. Una cardiopatía isquémica es un problema de las arterias cardiacas coronarias caracterizado por una total o parcial reducción de la cantidad de sangre que llega al corazón causada por diversos factores como los hábitos de salud individuales, la Conducta tipo A, la edad, el sexo o el estrés, y tienen como principales consecuencias la angina de pecho, el infarto al miocardio o inclusive la muerte súbita. Por el hecho de ser desencadenante de problemas de salud irreversibles, la cardiopatía isquémica ha sido ampliamente estudiada; en el aspecto psicológico un claro ejemplo de ello son las investigaciones realizadas sobre el patrón de conducta Tipo A y su relación con este padecimiento.

La hostilidad, ira o agresión son tres conceptos que han estado íntimamente relacionados en el desarrollo de la enfermedad cardiovascular. Harburg (1962; cit. en Matthews, 1986) examinó a mujeres en una prueba de fuerte presión, en la que los autorreportes de hostilidad presentados se asociaron con reactividad cardiovascular. Muchos estudios han evaluado los rangos de hostilidad derivados de la evaluación de la conducta Tipo A por medio de entrevistas estructuradas en individuos que poseen reactividad vascular y encontraron, en pacientes con problemas de hostilidad, mayor presión sanguínea sistólica y mayor razón cardiaca en la realización de tareas experimentales (Mathews, 1986).

Por otro lado, la competitividad es un componente de la conducta Tipo A y ha sido estudiada en relación con la reactividad cardiovascular; por ejemplo, Dembroski y MacDougall (cit. en Matthews, 1986) encontraron una significativa correlación entre la reactividad cardiovascular y la competitividad verbal en estudiantes de sexo masculino. Sin embargo, al contrastar un segundo estudio con mujeres no se encontró una correlación significativa así como tampoco en el caso de sujetos adultos masculinos. Por su parte, Snyder (1989) asoció respuestas fisiológicas como arterioesclerosis con la hostilidad, competitividad y estilo de vida acelerado e indicó que si se modificaba la conducta Tipo A era posible reducir el riesgo coronario.

Un estudio que evaluó la conducta Tipo A en adolescentes, indicó que existieron diferencias entre hombres y mujeres en cada uno de los dos factores evaluados: tensión y presión, en los cuales las mujeres presentan mayor tendencia a manifestar conducta Tipo A. Por el contrario, los hombres puntúan alto en ambición, actividad y ausencia de presión; posiblemente estas diferencias están marcadas por los procesos de socialización (Romero y León, 1989). De esta manera, la diferencia en la reactividad cardiovascular entre hombres y mujeres respecto a la conducta Tipo A o conducta Tipo B fue explicada por las expectativas del papel sexual de la mujer que fue considerado en la ejecución de la situación experimental.

No obstante, algunos estudios que analizan la relación entre la conducta Tipo A y la reactividad cardiovascular en mujeres han tenido resultados inconsistentes (Lawler y Schmied, 1984; MacDougall, 1981; Anderson, 1986; cit. en Houston, Kend y Snyder, 1988). De hecho, algunas de las diferencias encontradas en las mujeres Tipo A y Tipo B evaluadas con una entrevista estructurada han sido sólo en sus respuestas verbales. Sin embargo no se encontró una relación significativa respecto a la reactividad cardiovascular en tareas de laboratorio como en los hombres, por lo cual retiramos lo sugerido acerca de que las expectativas del papel sexual pueden ayudar a explicar estos resultados; porque si bien es cierto que algunas mujeres pueden realizar adecuadamente tareas cognitivas y motoras de dificultad, en uno de estos estudios las mujeres Tipo A percibían que su probabilidad de fracaso para esas tareas era completamente alta y no respondían por tanto a ellas tan rigurosamente como las mujeres Tipo B; por lo tanto, no habían diferencias en las respuestas fisiológicas. Sin embargo en las situaciones verbales las mujeres Tipo A fueron más comprometidas que las Tipo B y sí se encontraron diferencias en cuanto a sus respuestas fisiológicas.

Aun cuando conocemos poco acerca de los factores psicosociales de las enfermedades coronarias, el bajo estatus socioeconómico ha sido reportado como factor de riesgo en enfermedad cardiaca coronaria principalmente en mujeres, ya sea el bajo estatus de ella misma o del esposo; además tanto en hombres como en mujeres, la baja clase social y el bajo nivel educativo están asociados particularmente con el estilo de vida precoronario (Brezinka y Kittel, 1996).

Gamble y Michael (1992) investigaron la conducta Tipo A relacionada con la satisfacción en el trabajo y el estrés en profesionales negros (hombres y mujeres), y encontramos que no hay correlaciones significativas entre conducta Tipo A con la tensión y el estrés; sin embargo, los hombres reportaron puntajes más altos en satisfacción laboral y en superación que las mujeres. Asimismo, Kopper (1993) examinó la relación entre género, papel de la identidad sexual y patrón de conducta Tipo A en múltiples dimensiones de expresión de la ira y en función de la salud mental, y encontró que no había diferencias de género en cuanto a depresión pero que las mujeres obtuvieron altos récords en hostilidad indirecta, irritabilidad y dependencia y los hombres obtuvieron altos puntajes en agresión y ataque.

Es importante considerar que en muchas sociedades occidentales la mujer tiene un nuevo papel que complementa los anteriores de esposa y madre: el de empleada asalariada. La mortalidad y la morbilidad en las mujeres han sido asociadas con la combinación del trabajo y la vida en familia. Este hecho ha sido objeto de investigación en Estados Unidos e Inglaterra, pero no es claro si esos efectos son en detrimento o benéficos. Por ello, se han formado dos hipótesis que predicen las consecuencias en la salud de las mujeres que ejercen una función de empleada combinada con el aspecto marital y el maternal. La primera es la hipótesis del papel múltiple o esfuerzo de trabajo, que expresa que la combinación de las funciones tradicionales de la mujer y el empleo remunerado tienen efectos dañinos en la salud; en el ámbito tradicional del hogar la mujer tiene como responsabilidades primarias el cuidado de los hijos y el trabajo en el hogar, y si añadimos además la fuerza laboral del trabajo remunerado, todo ello puede ocasionar un conflicto o papel de sobrecarga, agotamiento o de esfuerzo, esto es, las mujeres sufren cansancio o agotamiento hasta llegar a la enfermedad y mortalidad (Pekka, 1995; Lawrence, 1996).

En contraste, para Sieber (cit. en Pekka, 1995) las investigaciones y teorías han descuidado los posibles beneficios del papel múltiple, por lo cual discute cuatro resultados positivos de lo que se puede llamar la hipótesis del papel de acumulación y son: los privilegios, el estatus de seguridad general, los recursos económicos y el enriquecimiento personal o gratificación. Así, según esta hipótesis la mujer puede tener mejor salud y una vida más larga al tomar el papel adicional de empleada ya que éste le proporciona independencia financiera del hombre; el empleo puede crear un soporte social de los lazos fuera de casa y del esposo, e incrementa además la autoestima y la tolerancia al fracaso (recursos de afrontamiento y de resistencia), y promueve estilos de vida saludables.

Según Brezinka y Kittel (1996) el empleo ha sido una variable poco estudiada en relación con la enfermedad cardiaca coronaria en mujeres; los resultados obtenidos indican que las mujeres trabajadoras tienen niveles significativamente más altos de colesterol de alta densidad y llevan una dieta menos aterogénica que las amas de casa; además, las mujeres trabajadoras con niños tienen una responsabilidad dual: trabajo y casa. Esta doble carga suele provocar sensación de ira y frustración por la falta de control sobre sus vidas, y puede incrementar la incidencia de la enfermedad cardiaca coronaria. Sin embargo, Waldrón y Jacobs (1977, cit. en Pekka, 1995) realizaron un estudio longitudinal en Estados Unidos en el que reportan que la participación en la fuerza laboral tiene posibles efectos benéficos en la salud de la mujeres que trabajan principalmente en oficinas.

La evidencia empírica de los efectos del papel múltiple en la mortalidad es escasa, sin embargo, en un estudio de Kotler y Wingard (en Pekka, 1995) se analizó la mortalidad de los hombres y mujeres de 35 a 64 años de edad, y se encontró que la relación entre maternidad y mortalidad de mujeres trabajadoras fue poco significativa, aunque en las madres de más de cuatro niños fue mayor.

Métodos de evaluación de la conducta Tipo A

La primera evaluación de la conducta Tipo A que se conoce es la *Entrevista Estructurada* que desarrolló Rosenman (1978, cit. en Houston, Kend y Snyder, 1988) en el Western Collaborative Group Study (WCGS). Durante varios años analizó los puntos más aptos para estimar la conducta Tipo A; éstos fueron seleccionados de entre una gran cantidad de preguntas que originalmente habían sido elaboradas para apreciar los componentes conductuales de dicho patrón. La evaluación de las conductas durante la entrevista se basaba en el contenido de las respuestas a cada pregunta, dando mayor importancia a los estilos de voz y a la observación psicomotora de las conductas exhibidas. Pero se observó que los sujetos Tipo A respondían a los cambios situacionales más que los Tipo B, por lo cual fue modificado el procedimiento de aplicación, se incorporaron deliberadamente interrupciones mientras los sujetos respondían y algunas preguntas que a propósito fueron diseñadas como estímulos medioambientales estresores; además, el tiempo de entrevista requería sólo de 15 minutos, por lo cual fue necesario contar con entrevistadores bien entrenados (Hust, 1986; Houston, Kend y Snyder, 1988).

Este instrumento fue utilizado en Francia y Bélgica (1978), en Alemania y Checoslovaquia (1979) así como en China (1983), con resultados similares en su efectividad para discriminar a los sujetos Tipo A y Tipo B; se desarrollaron versiones para aplicarse con mujeres, estudiantes graduados, adolescentes y niños; además algunos estudios manifestaban una considerable estabilidad con el paso del tiempo ya que los sujetos que fueron considerados Tipo A en la primera fase, a los 10 años (segunda fase) siguieron siendo considerados como Tipo A, esto es, los resultados eran similares (Kittel y cols., 1978; Houruath, 1979; Bo-yuan, 1983; Waldrom, 1978a y 1987b; MacDougall, Dembroski y Musante, 1979; Gerace y Smith, 1985; en Houston, Kend y Snyder, 1988).

Posteriormente, en la evaluación del patrón de conducta Tipo A fueron desarrollados los cuestionarios de autorreporte. El primero de ellos y el más estudiado es el *Inventario de Actividad de Jenkins* (JAS), elaborado a partir de los puntos de la entrevista estructurada sobre la base de su habilidad para discriminar a los sujetos Tipo A y Tipo B.

El JAS es un cuestionario de autoinforme o autorreporte que consta de 52 preguntas de elección múltiple. La primera edición experimental de este instrumento fue preparada en 1964; contenía 64 preguntas recopiladas de la entrevista estructurada que se utilizó en el WCGS; dichos puntos fueron administrados a 120 hombres clasificados como Tipo A y Tipo B en la entrevista y cada pregunta era considerada válida según su grado de discriminación de la conducta Tipo A y la conducta Tipo B. La segunda edición fue realizada en 1966 con la población completa del WCGS de ese año, para ello, las preguntas redundantes o que tenían propiedades psicométricas inferiores en la publicación anterior fueron eliminadas; se redactaron otras nuevas basadas en la experiencia clínica y psicométrica, y probadas en el procedimiento anterior. En total fueron analizadas 57 preguntas para obtener un total de 26 que fueron las mejores discriminantes entre la conducta Tipo A y Tipo B (Jenkins, Zyzanski y Rosenman, 1992).

Poco después se realizaron una serie de análisis factoriales, con ellos fueron identificadas tres dimensiones principales del patrón de conducta de riesgo coronario, que son: factor S (prisa e impaciencia), factor J (implicación o involucramiento en el trabajo) y factor H (comportamiento duro y competitivo). Las puntuaciones obtenidas y su análisis indican que los factores son relativamente independientes de la evaluación de la conducta Tipo A. De esta manera, en 1969, se formuló la tercera edición por procedimientos de análisis discriminante. En este último instrumento el interés del JAS se amplió y buscó expandir su rango de aplicación a otras poblaciones, principalmente mujeres, las que no habían sido contempladas en ediciones anteriores. Las preguntas se reescribieron para ser adaptadas para ambos sexos; las de actividades deportivas fueron ampliadas para incluir todas las actividades académicas extracurriculares; sin embargo, en esta edición, llamada forma B, alrededor de 15 preguntas eran apropiadas sólo para personas con empleo y no para estudiantes, amas de casa, personas jubiladas o trabajadores por cuenta propia. A partir de la forma B se elaboró la edición o forma C que consta de 52 preguntas con ligeras modificaciones en la redacción de las preguntas (Jenkins, Zyzanski y Rosenman, 1992).

En 1982, Gastorf (cit. en Matthews, 1986) utilizó el JAS para determinar la conducta Tipo A o conducta Tipo B en estudiantes (hombres y mujeres) a quienes se les presentó un problema con solución y uno sin solución; los sujetos Tipo A y Tipo B no mostraron diferencias significativas en su presión sanguínea sistólica y presión sanguínea diastólica al resolver el problema solucionable, pero los sujetos Tipo A incrementaron significativamente su presión sanguínea sistólica en el problema que no tenía solución, porque la ambigüedad de la tarea hacía que la percibieran como verdaderamente difícil.

Por su parte, Jorgensen y Houston (1982, cit. en Matthews, 1986) utilizaron el JAS para identificar la conducta Tipo A o conducta Tipo B en hombres y mujeres que efectuaban tres tareas experimentales y registró sus respuestas de presión sanguínea diastólica y sistólica. Además Lane (1984, cit. en Matthews, 1986) identificó la conducta Tipo A o Tipo B en mujeres de un colegio que tenían que solucionar una tarea de aritmética mental (13 substracciones); sus resultados fueron similares a los de Jorgensen y Houston en cuanto a que no encontraron diferencias significativas en las respuestas cardiovasculares de los sujetos Tipo A y los Tipo B.

En comparación con la entrevista estructurada, el JAS ha mostrado, al igual que la primera, validez en la carga cultural y en las características del patrón de conducta Tipo A respecto a la competitividad, la impaciencia y la potencial hostilidad (Houston, Kend y Snyder, 1988). Por otro lado, si bien existe correlación entre el JAS y la *Escala Tipo A* de Bortner (Bortner, 1969; cit. en Houston, Kend y Snyder, 1988) y con la *Escala de Ira* de Novaco (Katz y Toben, 1986; cit. en Houston, Kend y Snyder, 1988), no se ha encontrado una correlación positiva con la depresión y la neurosis.

Dembroski y MacDougall (1978; cit. en Matthews, 1986 y Arild, 1995) midieron la conducta Tipo A con la entrevista estructurada y el JAS en hombres, los cuales realizaban tres tareas: 1) tiempo de reacción del habla, 2) coordinación manos y ojos y 3) una serie de problemas con cierto grado de dificultad en un tiempo límite, y encontraron resultados semejantes: los sujetos Tipo A mostraron mayor incremento en su nivel de presión sanguínea en las tres tareas. En un estudio similar en el que los sujetos fueron mujeres sometidas a tres tareas: aritmética mental y dos problemas del *test Raven*, hubo también semejanzas entre la entrevista estructurada y el JAS en las respuestas cardiovasculares a las tareas experimentales de las mujeres que fueron consideradas Tipo A o Tipo B (Matthews, 1986).

La conducta Tipo A también fue evaluada por estos instrumentos en hombres adultos que presentaban enfermedad cardíaca coronaria versus hombres que no la presentaban; al resolver una tarea de aritmética con dificultad y una prueba de comprensión pictórica; los sujetos con problemas coronarios clasificados como Tipo A en la entrevista estructurada y en el JAS, tuvieron un incremento significativo en su presión sanguínea comparados con aquellos sujetos tipo B (Corwse y Manuck, 1982; cit. en Matthews, 1986).

Sin embargo, el JAS predice menos los impulsos fisiológicos que la entrevista estructurada; el JAS captura los contenidos relevantes de las preguntas de la entrevista estructurada pero no las conductas observadas durante la entrevista; por ello, algunos autores opinan que propiamente no puede emplearse para estudiar el patrón de conducta Tipo A; no obstante, un buen entrevistador será capaz de minimizar dicho problema.

Se han llevado a cabo también investigaciones para calificar los componentes de la conducta Tipo A en relación con las enfermedades cardíacas coronarias. Booth-Kewley y Friedman (1987; citado en Arild, 1995) estudiaron la conducta Tipo A medida con la entrevista estructurada y el JAS, y encontraron que el componente más predictivo de la conducta Tipo A para la existencia de la enfermedad cardíaca coronaria es la ira y la hostilidad. De igual manera estas características unidas a la agresión fueron considera como predisponentes de enfermedad cardiaca coronaria por Cuenka en Yugoslavia y Heidelber en Alemania (Grossarth-Maticek, Bastiaans y Kanaziir, 1985; Booth-Kewley y Friedman, 1987, cit. en Arild, 1995).

Otro método aplicado para estimar la conducta Tipo A es la *Escala de Clasificación de Bortner* que provee una evaluación de varias características de la conducta Tipo A tales como la hostilidad; la que dio como resultado una correlación positiva con una muestra de sujetos medidos con el JAS en Estados Unidos y Europa; la escala coincide con algunas conductas Tipo A calificadas en adolescentes mediante una versión de la entrevista estructurada; además, Bass (1984; citado en Houston, Kend y Snyder, 1988) consideró que los resultados de esta escala correlacionan positivamente con ansiedad y neurotismo. Lane (1984, citado en Matthews, 1986) exploró la interacción de la cafeína y el estrés con extensos rangos cardiovasculares; en mujeres jóvenes con historia familiar de hipertensión evaluadas con el JAS, se observó que los efectos de la cafeína fueron la elevación de la presión sanguínea diastólica y sistólica; pero no se vio relación con la conducta Tipo A, aunque en otros estudios sí se ha manifestado dicha relación.

En otro estudio, la *Escala Tipo A de Framingham* (FTAS) fue aplicada a los participantes en un estudio sobre problemas del corazón; éste consiste en un corto inventario de autorreporte derivado de un extensivo cuestionario del comportamiento con una variedad de factores psicosociales, que califica el ritmo de actividad, impaciencia y urgencia de tiempo en relación con la enfermedad cardíaca coronaria; algunos de los puntos del inventario corresponden a la percepción diaria del estrés, labilidad emocional, tensión, ansiedad, neurotismo y estrés emocional en general. Sin embargo la FTAS no correlacionó fuertemente con la entrevista estructurada y es probable que sólo mida una pequeña parte del patrón de conducta Tipo A y se vincula con algunas características psicológicas que retoma del JAS como, por ejemplo, la ansiedad (Houston, Kend y Snyder, 1988).

En una investigación con hombres de un colegio, Dembroski y MacDougall (1979; cit. en Matthews, 1986) utilizaron tres medidas de la conducta tipo A: *a)* la entrevista estructurada, *b)* el JAS y *c)* el FTAS, cuando los sujetos realizaban una prueba de alta presión y una tarea de tiempo de reacción sobre una condición de gran desafío. En ambas condiciones los sujetos Tipo A en la entrevista estructurada mostraron un incremento en la presión sanguínea; en el JAS, los sujetos Tipo A y Tipo B difirieron en su presión sanguínea en la tarea de tiempo de reacción en bajo desafío; y con la FTAS los sujetos Tipo A respondieron con un incremento en la presión sanguínea en la tarea de bajo desafío. En general, la entrevista estructurada predice mejor la reactividad cardiovascular que el JAS o el FTAS.

Otros dos estudios midieron la conducta Tipo A en mujeres de un colegio con la entrevista estructurada, el JAS y la FTAS (MacDougall, 1981; cit. en Matthews, 1986); se observaron las respuestas cardiovasculares de las entrevistadas, durante un breve pero difícil examen de Historia de América y una tarea de tiempo de reacción con un incentivo monetario por una buena ejecución. Las mujeres que fueron consideradas como Tipo A y Tipo B en la entrevista estructurada respondieron con una elevación en su presión sanguínea en el examen pero no en la tarea de tiempo de reacción. Sin embargo, ni en el JAS ni en la FTAS difirieron significativamente las respuestas cardiovasculares de las mujeres en esa tarea.

Framingham (Houston, Kend y Snyder, 1988) llevó a cabo un estudio longitudinal y con una duración de 14 años, en el que evaluó la conducta Tipo A con la Escala Tipo A de Framingham en 749 mujeres libres de enfermedad cardíaca coronaria; se les aplicó previamente un cuestionario psicosocial para obtener sus características demográficas y dividirlas en mujeres amas de casa o trabajadoras; en su mayoría, las mujeres mostraron una manifestación o desarrollaron enfermedad cardiaca coronaria; respecto a su estatus de empleo, no hubo relación significativa con la incidencia de los problemas coronarios; aunque las mujeres trabajadoras tuvieron una tasa un poco mayor de algún problema cardiaco que las amas de casa y fueron mayormente clasificadas como Tipo A. Este estudio ha sido criticado porque algunos componentes de este patrón Tipo A están más asociados a los problemas cardíacos que otros, como es el caso de la hostilidad, y la *Escala Tipo A de Framingham* no retoma claramente dicha variable.

En otra prueba se utilizó la Escala *Tipo A de Framingham* en mujeres de 45 a 64 años de edad para detectar la conducta Tipo A y hacer un seguimiento de 14 años para observar si había un desarrollo de la enfermedad cardiaca coronaria y se encontró que las mujeres clasificadas como Tipo A mostraron mayor incidencia en el desarrollo de la enfermedad coronaria que las Tipo B: de las mujeres Tipo A 12.3% desarrollaron la enfermedad cardiaca coronaria, 17.1% mostraron alguna manifestación que no fue acompañada de angina de pecho en los dos primeros años y 5.4% no experimentaron problemas coronarios. Además, fue mayor la incidencia de la enfermedad coronaria entre aquellas mujeres cuya edad fluctuaba entre los 55 y los 64 años y que además trabajan fuera del hogar (Houston, Kent y Snyder, 1988).

En 1992, Gamble y Matteson evaluaron la conducta Tipo A en relación con la satisfacción en el trabajo y el estrés, entre profesionales hombres y mujeres negros con la FTAS, la *Escala de Reeder de Estrés Diario* y el *Examen de Diagnóstico de la Satisfacción*. Los resultados obtenidos por la FTAS estuvieron correlacionados con la tensión y el estrés diario, pero fue negativa la relación con la satisfacción en el trabajo.

El *Inventario de Eysenck y Fulker* o *Escala Tipo A-Tipo B*, es otro método para medir la conducta tipo A. Consta de 29 puntos que se agrupan en cuatro factores: tensión, ambición, actividad y ausencia de presión. Dicha escala fue utilizada en un estudio sobre la conducta Tipo A en adolescentes que arrojó diferencias significativas en cada factor entre hombres y mujeres. Los autores argumentaron que los resultados encontrados pueden estar asociados a los diferentes procesos de socialización relacionados con el género (Romero y León, 1989). A los estudios basados en los métodos de evaluación de la conducta Tipo A se pueden agregar las correlaciones encontradas en otras investigaciones; por ejemplo, la relación positiva de la conducta Tipo A con las escalas de autoaceptación, dominancia y extroversión del *Inventario Psicológico de California;* los factores expresividad emocional (frío-cálido), fuerza del yo (estabilidad-inestabilidad emocional), impulsividad (retraimiento-impetuosidad), actitud situacional (timidez-audacia), emotividad (severidad-sensibilidad), autoconfianza (confianza-desconfianza) y autoestima (alta-baja) del *Inventario de 16 Factores de Personalidad de Cattell*, así como las correlaciones no significativas entre la conducta Tipo A y el *Inventario de Ansiedad Estado-Rasgo* de Spielberg, con la *Escala Tipo A* desarrollada por Vickers y con el uso de autorreferencias (Caffrey, 1968, 1969b; Derogatis, 1977; Spielberg, Guirsuch y Lushene, 1970; Vivhers, 1973; Caplan, 1975; Coplan y Jones, 1975; Sherwitz, 1986, cit. en Houston, Kend y Snyder, 1988).

Como podemos observar los métodos de autorreporte que se han descrito tienen un grado aceptable de seguridad en la evaluación del patrón de conducta Tipo A; presentan correlaciones aunque difieren respecto al tipo de conductas que analizan porque el patrón de conducta Tipo A es un fenómeno que está compuesto por varias conductas complejas. Además, en la aplicación de estos instrumentos hay variables no estudiadas que podrían determinar algunos cambios en sus resultados como son: la percepción de actitudes, los atributos, actividades y otras conductas que el sujeto evaluado puede presentar durante la evaluación como son el habla apresurada o algunas conductas psicomotoras que sí pueden ser observadas en una entrevista. Sin embargo, estas limitantes pueden ser aminoradas si se aplica el autorreporte y hay un psicólogo observando a la persona a quien se aplica la prueba.

Después de haber expuesto la conceptualización de la conducta Tipo A, los problemas asociados a ella y sus métodos de evaluación, describiremos un estudio cuyo objetivo fue detectar la conducta Tipo A en mujeres mexicanas de acuerdo con su situación laboral: amas de casa o trabajadoras, y comparar las diferencias entre ambos grupos. Es importante conocer cuándo se presenta dicho patrón de conducta porque, si se modifica este tipo de conducta junto con algunos hábitos que ocasionan problemas de salud o de índole social, se podría prevenir la aparición de enfermedades coronarias.

Evaluación de la conducta Tipo A en mujeres mexicanas

El objetivo de esta investigación fue detectar la conducta Tipo A por medio del *Inventario de Actividad de Jenkins* (JAS), en mujeres mexicanas, de acuerdo con dos diferentes estilos de vida: si son amas de casa o trabajadoras, y saber si existían diferencias entre ellas.

Método

Muestra

Se realizó un muestreo probabilístico por cuotas, en el que se seleccionaron 80 mujeres del área metropolitana de 18 a 45 años de edad que fueran amas de casa, madres de familia y algunas que además realizaran otra actividad remunerada económicamente, las cuales formaron dos grupos:

Grupo I: Amas de casa (40 mujeres)
Grupo II: Trabajadoras (40 mujeres)

El Grupo I estaba formado por mujeres amas de casa y madres de familia que administran el dinero destinado para los gastos del mantenimiento de la casa y que, como trabajo, se ocupan del aseo de la casa, la preparación de los alimentos y además participan en la educación de los hijos; el Grupo II estaba conformado por mujeres que además de tener que realizar las actividades antes mencionadas, tienen un empleo fuera de casa remunerado económicamente.

Procedimiento

Se utilizó un diseño transeccional de tipo no experimental, específicamente uno transversal correlacional, caracterizado por describir relaciones entre dos o más variables, el cual fue dividido en cuatro fases:

Fase I: se aplicó un cuestionario socioeconómico y al final de la actividad se le indicó a las participantes que serían llamadas para realizar otra actividad.

Fase II: en esta fase se capturaron y analizaron los datos obtenidos con el cuestionario socioeconómico y se obtuvo la muestra de 80 mujeres de las cuales se formaron los dos grupos antes descritos (Grupo I amas de casa y Grupo II trabajadoras).

Fase III: en esta fase se aplicó el *Inventario de Actividad de Jenkins* (JAS) para detectar el patrón de conducta Tipo A en cada una de las mujeres participantes en el estudio.

Fase IV: se realizó la calificación, captura y análisis de datos arrojados de la aplicación del JAS.

Descripción del Inventario de Actividad de Jenkins

El *Inventario de Actividad de Jenkins* (JAS), en su forma C, es un cuestionario de autoinforme que consta de 52 preguntas de elección múltiple, diseñadas para medir el patrón de conducta Tipo A. El JAS se desarrolló para facilitar la evaluación clínica del patrón de conducta Tipo A, por un procedimiento más sencillo y estandarizado que el de la entrevista estructurada de Rosenman, así como para hacer la evaluación de personas con personalidad Tipo A accesible a médicos generales y a investigadores en estudios industriales y epidemiológicos. Los autores de este inventario son C.D. Jenkins, S.J. Zyzanski y R.H. Rosenman; la adaptación y baremación española fue realizada por E.G. Fernández-Abascal en 1992. La administración se lleva a cabo únicamente con adultos y puede realizarse tanto individual como colectivamente; la duración de la aplicación es variable, dura entre 15 a 20 minutos.

El objetivo de este inventario es la evaluación del patrón de conducta Tipo A y de tres dimensiones relacionadas. El inventario proporciona una puntuación en el patrón de conducta Tipo A global, y proporciona puntuaciones separadas para tres factores componentes de la conducta Tipo A: Factor rapidez, prisa e impaciencia (S), Factor de implicación o involucramiento en el trabajo (J) y Factor de comportamiento duro y competitividad (H).

Las personas que muestran un tipo de conducta opuesto al Tipo A, un estilo relativamente relajado, no apresurado y maduro, son designadas Tipo B.

Materiales. El inventario se compone de un manual con las bases teóricas, descripción del instrumento, justificación y normas de aplicación e interpretación; además de la hoja de reactivos en donde el paciente debe anotar sus respuestas.

Normas de aplicación. Es importante que el examinado entienda perfectamente cada una de las preguntas, en caso de que haya un concepto que no entienda, debe recurrir al diccionario para encontrar un sinónimo. También es necesario que el examinado tenga un buen nivel de lectura (comprensión y fluidez); en caso contrario, el examinador debe leer lenta y claramente cada una de las preguntas con sus respectivas opciones para ir anotando él mismo las respuestas del examinado, en este caso es necesario procurar evitar las interpretaciones personales por parte del examinador.

Es importante aclarar la confidencialidad de las respuestas y evitar mencionar la relación del cuestionario con el riesgo de enfermedades coronarias.

Si el examinado no encuentra entre las opciones alguna que refleje su comportamiento, debe dejarla en blanco, no sin antes instigarlo para que intente encontrar una opción adecuada. Si existen más de seis repuestas en blanco en una escala particular, se invalida la misma.

Una vez contestado el inventario, hay que recopilar los datos demográficos (población normal, ejecutivo, coronario, entre otros) necesarios para su interpretación, y revisar la prueba para confirmar que no haya respuestas dobles en algún reactivo.

Normas de corrección. Lo primero es calcular las puntuaciones directas para las cuatro escalas que componen el inventario. En el manual del inventario se encuentran las tablas correspondientes a las cuatro escalas, con los valores numéricos para cada una de las respuestas de cada uno de los 52 reactivos. Al sumar los puntajes positivos y restar los negativos de las alternativas elegidas, se tienen los puntajes directos de las escalas. Una vez obtenidas las puntuaciones directas, es necesario convertirlas a puntuaciones típicas, para ello se utiliza la tabla correspondiente del manual.

Normas de interpretación. Los datos normativos publicados en el manual del JAS, están basados en las puntuaciones en la población española, cuya muestra normativa constó de 5 275 personas, que tenían un rango de edad de 22 a 65 años.

De acuerdo con la puntuación típica, las puntuaciones positivas indican dirección de Tipo A y las cualidades vienen dadas por el nombre de los factores, mientras que las puntuaciones negativas denotan Tipo B y la relativa falta de característica factorial. Una puntuación de cero corresponde con la media factorial, pero ello no significa ausencia de características Tipo A. Las puntuaciones cercanas a cero representan un rango indeterminado que no es clasificable como Tipo A o como Tipo B.

El JAS puede ayudar en la planificación de la modificación de conducta de los individuos con puntaje alto, ya sea como prevención de enfermedades físicas o intervención en el caso de personas con afecciones físicas o cardiacas recurrentes.

Resultados

Una vez obtenidos los datos del *Inventario de Actividad de Jenkins*, el análisis estadístico que utilizamos fue una *t de Student*, que es un estadístico que evalúa las diferencias entre dos condiciones, ello nos permitió conocer si había diferencias en el tipo de conducta de las mujeres de ambos grupos (Silva, A., 1998).

Encontramos que en el tipo de conducta que mostraron los sujetos se encontró un valor de t = –1.222 con una probabilidad asociada para un contraste bilateral de 0.225. Por tal razón y tomando en consideración el nivel de significancia elegido que fue de 0.05, concluimos que no hubo diferencias significativas en el tipo de conducta que mostraron tanto las mujeres amas de casa como las que trabajan, ya que las evidencias cuantitativas mostraron que el valor de probabilidad asociado a la prueba *t* fue mayor al nivel de significancia.

De igual manera, al aplicar la *t de Student* para saber las diferencias entre los grupos respecto a los factores asociados a la conducta Tipo A observamos lo siguiente:

En el factor de prisa e impaciencia (S) el valor de *t* fue de –1.825 con una probabilidad asociada de .072, que es mayor al nivel de significancia 0.05; por lo tanto, no hay evidencia estadísticamente significativa que indique que dicho factor aparece asociado a un estilo de vida u otro.

Con el factor de comportamiento duro y competitivo (H) asociado a las mujeres trabajadoras o amas de casa se obtuvo una t = –2.187 con una probabilidad asociada de .032, que es menor al nivel de significancia 0.05; en este factor sí se puede decir que hay diferencias estadísticamente significativas que indican que las mujeres que trabajan tienen un comportamiento más duro y competitivo que las mujeres que únicamente son amas de casa.

De igual manera, en el factor (J) que se refiere a la implicación en el trabajo, se encontró un valor de *t* de –2.184 con una probabilidad asociada de .032, que es menor al nivel de significancia de 0.05; en este factor también existen evidencias estadísticamente significativas que indican que tienen menor implicación en el trabajo las mujeres amas de casa que las mujeres que además de ser amas de casa también trabajan. Sin embargo, aun cuando entre ellas existen diferencias significativas, tomadas sus puntuaciones de manera separada ambas son negativas, lo cual indica que ni uno ni otro grupo presenta este factor asociado a la conducta Tipo A.

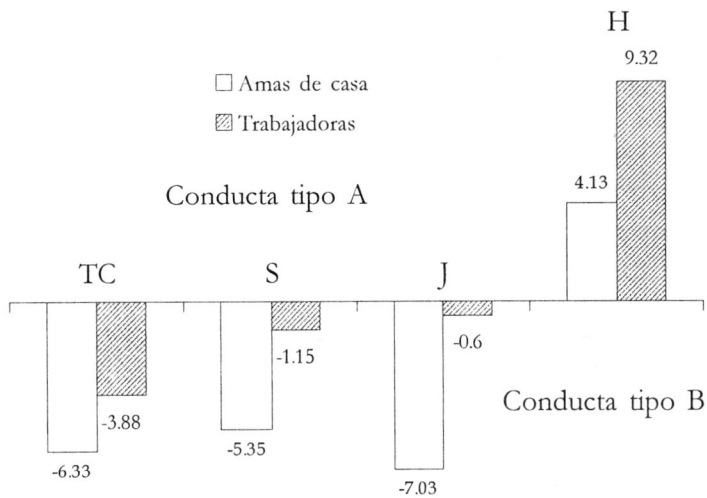

Figura 2.1 Comparación de conducta tipo A en amas de casa y trabajadoras.

Lo anterior puede observarse en el cuadro 2.1 que nos muestra el resultado de la evaluación de la conducta Tipo A global (TC) y los valores asociados a los diferentes factores de la conducta Tipo A que son prisa e impaciencia (S), implicación en el trabajo (J) y comportamiento duro y competitivo (H). En este cuadro, los valores positivos indican conducta Tipo A o características de los factores asociados a ella y por el contrario los valores negativos hablan de conducta Tipo B y de poca frecuencia de aparición de los factores asociados a la conducta Tipo A.

Por lo tanto, aun cuando Houston, Kend y Snyder (1988) indican que la conducta Tipo A aparece con mayor frecuencia en las mujeres amas de casa, trabajadoras, madres de familia y que tienen una actividad remunerada (trabajadoras), en este estudio los resultados encontrados no avalan la anterior afirmación. Por otro lado, hay que recordar que Lawrence (1996) y Pekka (1995) mencionan que la doble jornada de trabajo tiene diferentes resultados en la salud de las mujeres y proponen dos hipótesis:

a. El papel múltiple, que indica que ocasiona daños en la salud por un papel de sobrecarga, esto es, cansancio y agotamiento.
b. El papel de la acumulación, que nos dice que el trabajo proporciona a las mujeres privilegios, estatus de seguridad, resultados económicos y enriquecimiento personal o gratificación, y con ello se incrementa su autoestima y tolerancia al fracaso.

Nosotros podemos concluir que no se presenta la conducta Tipo A en las mujeres mexicanas amas de casa o trabajadoras, sin embargo sí hay diferencias entre ellas en algunos factores asociados a ese patrón conductual: el factor de implicación en el trabajo y el factor de comportamiento duro y competitivo. Esto puede estar hablando de que algunas ocupaciones predisponen a presentar el patrón conductual Tipo A, sin embargo, en las mujeres de este estudio no sucedió así; de acuerdo con Lawrence (1996) y Pekka (1995), porque esa actividad remunerada podría proporcionar beneficios que influyen en su bienestar económico, personal, familiar y social; además, Hust (1983) indica que el cariño y el apoyo del cónyuge son favorables para la no presentación de la conducta Tipo A y el mayor porcentaje de las mujeres de este estudio reportaron no tener problemas con su pareja, que están satisfechas con su trabajo porque obtienen satisfacción personal y una remuneración satisfactoria, lo que coincide con la hipótesis del papel de acumulación y contradice lo que Vidal (1990) menciona acerca de que el doble papel de mujeres amas de casa y trabajadoras causa sentimientos de soledad, tristeza y depresión.

Por otro lado, aun cuando la literatura indica que las mujeres de mayor edad tienden a presentar conducta Tipo A (Houston, Kend y Snyder, 1988; Lozano, 1990) en esta investigación no encontramos esa relación ni el comportamiento duro y competitivo ni la implicación en el trabajo que las mujeres maduras teóricamente presentan. Todos estos datos abren la posibilidad de estudiar más los efectos que tiene la doble jornada en las mujeres para poder establecer así intervenciones a modo de prevención en las personas que no tienen las estrategias necesarias para afrontar ese doble papel y que presentan características de un comportamiento duro y competitivo y más aún, proporcionar habilidades a las mujeres cuyas actividades de amas de casa o remuneradas no les proporcionan expectativas para enfrentar un mejor estilo de vida en el ámbito personal, familiar o social.

Bibliografía

Arild, G. (1995). "The type 2 construct and its relation to coronary heart disease". *Psychological Reports*. Vol. 76, pp. 3-13.

Brezinka, V. y Kittel, F. (1995). "Psychosocial Factors of Coronary Heart Disease in Women: A Review". *Social Science and Medicine*. Vol. 42, núm. 10, pp. 1351-1365.

Evans, P. (1995). "Tratamiento cognitivo conductual del patrón de conducta Tipo A: una revisión critica". *Revista de Psicología Conductual*. Vol. 3, núm. 2, pp. 183-189.

Gamble y Matteson (1992). "Type A Behavior, Job Satisfaction and Stress on Black Professionals". *Psychological Reports*. Vol.70, pp. 43-50

Gentry P. y Williams B. (1979). *Psychological Aspects of Miocardial Infarction and Coronary Care*. United States of America: Mosby Company.

Houston, Kend y Snyder (1988). *Type A Behavior Pattern. Research Theory and Intervention*. United States of America: John Willey and Sons.

Hust J. (1986). *El corazón, arterias y venas*. Vol. II, México: Interamericana McGraw-Hill.

Jenkins, C. D., Zyzanski, S. J. y Rosenman, R H. (1992). *Inventario de Actividad de Jenkins (JAS)*. Forma C. Madrid: TEA Ediciones.

Kopper, A. B. (1993). "Role of Gender, Sex Role, Identity and Type A Behavior in Anger Expression and Mental Health Functioning". *Journal of Counseling Psychology*. Vol. 40, núm. 2, pp. 232-237.

Lamude (1993). "Classroom, Resistance Strategies of Type A Scoring Student". *Psycho-logical Reports*. Vol. 72, 1098.

Latorre, P. y Beneit, P. (1992). *Psicología de la Salud. Aportaciones para los profesionales de la salud*. Argentina: Lumen.

Lawrence, J. (1996). "The Psychosocial Work and Heart Disease". *American Journal of Public Healt*. Vol. 86, núm. 3, pp. 301-103.

Lozano, R., Escamilla, J., Escobedo y López (1990). "Tendencias de la mortalidad por cardiopatía isquémica en México, de 1950 a 1985". *Salud Pública de México*. Vol. 32, núm. 4, pp. 405-415.

Matthews, K. (1986). *Handbook of Stress, Reativity and Cardiovascular Disease*. United States of America: John Willey and Sons.

Pekka, M. (1995). "Women's Employment, Marriage, Motherhood and Mortality: a Test of the Multiple Role and Accumulation Hypotheses". *Social Sciences Medicine*. Vol. 40, núm. 2, pp. 199-212.

Phil, E. (1995). "Tratamiento cognitivo-conductual del patrón de conducta Tipo A: una revisión crítica", *Revista de Psicología Conductual*. Vol. 3, pp. 2, 183.

Robbins, S. y Cotran (1987). *Patología estructural y funcional*. México: Interamericana.

Romero, C. y León (1989). "Conducta tipo A: un estudio en un grupo de adolescentes de una zona deprivada de Lima (Perú) con el Inventario de Eysenck y Fulker". *Revista Latinoamericana de Psicología*, 21, 3, 394-362.

Silva, R. A. (1998). *La investigación asistida por computadora*. México: UNAM, Iztacala.

Snyder, J. (1989). *Health Psychology and Behavioral Medicine*. New Jersey: Prentice Hall.

Vidal, E. (1990). "Costos psico-sociales del doble papel de la mujer, como asalariada y como ama de casa". *Revista Latinoamericana de Psicología*, 22, 1, 161-167.

3

Evaluación de habilidades sociales

María Refugio Ríos Saldaña
UNAM, FES-*Iztacala*

La calidad de las relaciones interpersonales es un ingrediente esencial en la efectividad del funcionamiento humano, de hecho, las personas pasan la mayor parte de su tiempo estableciendo relaciones ya sea de una persona con otra, o con una gran variedad de grupos sociales. Los problemas asociados con una interacción social disfuncional, han sido abordados desde distintas aproximaciones teóricas de la Psicología con fines explicativos o de intervención.

Existen numerosas investigaciones sobre entrenamiento de habilidades sociales que han demostrado su eficacia en la disminución del trastorno conductual al que se asocian; por ejemplo en conductas adictivas tales como alcoholismo, drogadicción y tabaquismo; o en conductas desadaptadas como la delincuencia, problemas de pareja o agresividad, entre muchas otras.

Se ha demostrado también, que muchos de los problemas conductuales tienen correlatos con deficiencias en repertorios prosociales. Sin embargo, la mayoría de los estudios han sido desarrollados en otros países, y el interés ha estado centrado más en la intervención, en aquellos casos en los que dichos trastornos conductuales ya están presentes.

En nuestro país, el campo de las habilidades sociales ha comenzado a cobrar interés. Se han realizado investigaciones en torno a la eficacia de su entrenamiento, principalmente en niños y adolescentes; sin embargo, al igual que en otros países, la investigación ha estado dirigida hacia los problemas de conducta ya presentes o a probar aquellas estrategias metodológicas para entrenar las habilidades sociales que han demostrado su eficacia en otros países, aunque también se ha trabajado más en la labor correctiva que en la de prevención.

La prevención de trastornos conductuales en niños y adolescentes es una necesidad en nuestro país, debido a los índices de vandalismo, delincuencia, drogadicción, por mencionar sólo algunos de los problemas que se presentan. Dicha prevención puede ser conducida en los niveles primario y secundario. En el nivel primario, la intervención debiera estar presente antes de que los indicadores de alteración conductual se manifiesten. Este aspecto es especialmente importante en aquellas poblaciones de alto riesgo ambiental, como pueden ser niños y adolescentes, quienes por estar en proceso de desarrollo son potencialmente más susceptibles de aprender un comportamiento desadaptado respecto de las normas sociales.

El nivel secundario debiera encaminarse a intervenir en aquellos casos considerados como propensos a evidenciar algún trastorno, como quienes presentan algún tipo de abandono social y cultural. Ambos tipos de prevención se conducen mediante la intervención formativa, en la que se entrenan las destrezas sociales como medio alternativo a la deficiencia que se pretende prevenir (habilidades cuya carencia presenta correlación con el problema a evitar o disminuir).

El trabajo preventivo de problemas que aquejan a los adolescentes, se lleva a cabo mediante el entrenamiento de habilidades sociales alternativas, y va dirigido hacia la población de diversa índole, aunque aplicarlo con adolescentes resulta fundamental, en la medida en que previene a largo plazo trastornos de conducta asociados con una interacción social inadecuada.

Los escenarios para efectuar la prevención de manera más exitosa, son aquellos donde se facilita mayormente el contacto con esta población, tales como la familia, la escuela o la comunidad. Sin embargo, aun considerando el hecho de que se debe intervenir en todos ellos, es en la escuela donde los jóvenes presumiblemente pasan mayor tiempo y se tiene acceso a ellos con mayor seguridad.

La mayoría de las investigaciones sobre habilidades sociales, coinciden en que existen algunos problemas que necesitan solución, entre ellos la necesidad de construir instrumentos para su evaluación. Este problema se hace más evidente en nuestro país, debido a que los instrumentos que se utilizan para evaluar el comportamiento humano son, en su mayoría, importados de otros países, sin considerar las diferencias culturales, ni que las costumbres sociales, modas, lenguaje, estilos de vestir y cultura cambian durante la vida de una persona, y que indudablemente afectan su comportamiento, en una época y contexto determinados. De modo que su conducta puede estar relacionada con las características sociales, económicas y culturales en que se desarrolla, por lo que es importante considerar la acción de todo el contexto medioambiental como básico en el desarrollo y formación del ser humano.

Desde este punto de vista, la presencia en las personas de cierto tipo de inhabilidades individuales como no saber tomar decisiones, resolver problemas, comunicarse de forma adecuada y autocontrolarse; o tener inhabilidades sociales como no poder hablar en público, establecer relaciones amistosas, entre otras; suele estar vinculada a ciertas conductas desadaptadas, tales como la ingestión de alcohol, de fármacos, el tabaquismo y las drogas; la agresión, los problemas de aprendizaje y en general las conductas no aceptadas por la sociedad.

Las deficiencias en dichas habilidades podrían, en un momento dado, constituirse en precipitantes de problemas conductuales que redunden en una inadaptación social.

Las habilidades sociales deben considerarse entonces, dentro de un marco cultural determinado, y tomar en cuenta que los patrones de comunicación varían ampliamente entre culturas y dentro de una misma cultura, dependiendo de factores tales como la edad, el sexo, la clase social y la educación. Además de que el grado de efectividad de una persona dependerá de lo que desea lograr en la situación particular en la que se encuentre. En este sentido, la conducta considerada apropiada en una situación posiblemente sea inapropiada en otra, además de que el individuo aporta a la situación sus propias actitudes, valores, creencias, capacidades cognitivas y un estilo único de interacción.

De esta manera, los supuestos teóricos que subyacen a cualquier instrumento de evaluación, conjuntamente con los metodológicos, deben ser considerados en la construcción de instrumentos de evaluación del comportamiento humano, en especial en aquellos destinados para evaluar las habilidades sociales, de tal forma que sean lo suficientemente válidos para proporcionar la confianza necesaria para su aplicación.

Desde esta perspectiva, el presente capítulo trata de dar una alternativa metodológica al construir una escala para evaluar habilidades sociales en los adolescentes, lo más sensible y válida posible, para explorar y evaluar dichas habilidades en esta población.

Se parte también del supuesto de que para lograr una adecuada prevención de trastornos psicológicos, es necesaria la creación de una tecnología confiable y válida, acorde con las características de la población de interés para el investigador. Realizar investigaciones en torno a las habilidades sociales y en especial en la elaboración de instrumentos para su evaluación, permite a futuros investigadores un primer acercamiento para su estudio, y estar en posibilidades de dar entrenamiento preventivo más que correctivo.

En este sentido, y aunado a la falta de instrumentos de evaluación de habilidades sociales en nuestro país, las técnicas disponibles para hacerlo no parecen ser muy convincentes sobre su validez y confiabilidad al aplicarlas a nuestra población. En esta dirección, en este capítulo abordamos los aspectos teóricos que subyacen al estudio de las habilidades sociales; las características psicométricas inherentes para la elaboración de instrumentos de evaluación de habilidades sociales y los procedimientos metodológicos prácticos realizados para la construcción de la *Escala de Evaluación de las Habilidades Sociales para Adolescentes* (EEHSA) que proponemos. Se incluyen también los resultados acerca de su sensibilidad para detectar los déficits, su especificidad para discriminar a los jóvenes que no los presentan, y su utilidad para conocer las habilidades en esta población. Finalmente, se abordan las instrucciones y criterios necesarios para su aplicación, calificación e interpretación. En el último apartado, se anexa el instrumento propuesto, acompañado con su hoja de respuestas. Se espera que sea de utilidad para aquellos profesionales interesados en el trabajo con adolescentes.

Aspectos teóricos de las habilidades sociales

El hombre, para vivir en sociedad, ha establecido normas y principios que lo dirijan hacia un desarrollo social armónico. En todas las sociedades humanas existen costumbres, leyes y códigos morales que, de forma explícita o implícita, regulan las formas de comportarse y las consecuencias en caso de desviarse de ellas.

Han surgido teorías sobre la naturaleza del ser humano, con la finalidad de explicar, predecir, prevenir y controlar su conducta. Estas teorías han generado múltiples explicaciones causales, mismas que se han permeando de tal forma, que dan cuenta de la complejidad de la conducta humana.

Han sido muchas las formas de explicar la conducta humana, en la época medieval, por ejemplo, los principios de orientación estaban más dirigidos hacia la salvación del alma, y a librar a los individuos de "las garras del demonio". Esta forma de pensar favoreció la conservación del orden social cuyo dominio estuvo en manos de la Iglesia católica y protestante.

A lo largo de la historia, ha habido una serie de desviaciones de lo que socialmente se espera en el comportamiento humano, que a su vez fueron tratados de controlar en una gran variedad de formas. Algunas de ellas atribuyeron la conducta desviada a una o a otra causa física o psíquica, las que tuvieron en común tres características: 1) los aspectos más importantes del funcionamiento humano que se debían observar eran lo "desviado y anormal"; 2) estas manifestaciones del comportamiento desviado fueron entendidas como indicadores de un estado patológico que se localizaba en el individuo, y 3) se pensaba que si la causa del estado anormal de un individuo, ya fuera físico o psíquico, había ocurrido en algún momento de su pasado, podía seguir presentándose en el presente.

Estas suposiciones básicas, no consideraron la influencia del medio social; el individuo que presentara un comportamiento fuera de la norma establecida, era señalado como miembro de una categoría cualitativamente distinta de lo normal, lo saludable y lo bueno. La persona identificada con un comportamiento desviado era entendida como directamente responsable de su propia desviación y despreciada debido a su comportamiento defectuoso.

Las formas de proceder con las personas identificadas dentro de la categoría de "desviadas", fueron características de la época medieval; se ha denominado como modelo Demonológico a las explicaciones del comportamiento de esa época; debido a que cuando una persona se comportaba de forma anormal se creía que estaba poseído por espíritus malignos. Era común recurrir a los espíritus para explicar muchos aspectos de la vida que no podían comprenderse, incluyendo la conducta etiquetada como desviada (Wine, Moses y Smye, 1980).

El modelo Demonológico fue una forma de perpetuación de la ideología social, y funcionó como una explicación de cualquier evento humano o no humano. El estado intraindividual para el cual se aplicaba la culpa fue el de brujería, como resultado de un pacto pasado con el diablo. De esta forma eran analizados todos los eventos adversos para la satisfacción de la mayoría; virtualmente, todas las personas consideradas como desviadas de las normas sociales, fueron eliminadas y la autoridad de la Iglesia fue apoyada absolutamente.

Este modelo medieval es un ejemplo de las alternativas de prevención o de intervención respecto del comportamiento desviado, en una época en la que la autoridad social estaba en manos de la Iglesia, y no existían aún las condiciones para explicar el comportamiento en términos más objetivos.

Sin embargo, el conocimiento es un continuo flujo y reflujo de avances y retrocesos, unas veces continuos y otras discontinuos y, en ese sentido, ese procedimiento fue uno de los primeros en señalar la importancia del estudio del comportamiento humano.

Con el tiempo, la Demonología fue sustituida por otras concepciones biológicas o médicas. Se descartó la intervención de los espíritus y demonios y se atribuyó el comportamiento desviado a una serie de causas biológicas relacionadas con las funciones cerebrales y los fluidos corporales. Así, el modelo médico difirió del modelo Demonológico de la Inquisición, tanto en sus implicaciones como en la causalidad. La causa del comportamiento desviado, se atribuyó a cuestiones orgánicas como fue el caso del cerebro defectuoso, y fue el médico, no el sacerdote quien asumió las prácticas de control social. La idea de que la conducta anormal tenía un origen fisiológico cambió la intervención de manos de los sacerdotes por las de los médicos.

En la transición de la Edad Media a la Era Moderna, la versión del concepto de enfermedad mental también cambió; la ciencia reemplazó a la teología como fuente de explicación para todos los eventos tanto humanos como físicos de la naturaleza. Sin embargo, persistió la necesidad de controlar el comportamiento desviado de las normas sociales; en respuesta a esta necesidad, surgieron los sistemas de hospitalización o manicomios, propuestos como lugares de tratamiento, para aquellas personas consideradas como "locas"; entre ellas se incluían los pobres, enfermos crónicos, indigentes, viejos, mujeres embarazadas, niños maltratados por sus padres o quienes no trabajaban, muchachas violadas, entre muchos otros (Rosen, 1963).

La conducta desviada era vista como resultado de defectos en el cerebro, ya que este último era altamente maleable en respuesta a las variaciones medioambientales. Kazdin (1983) menciona que el catalizador más importante e influyente de esta concepción fue el descubrimiento de la causa de la paresia general, ésta es una alteración neurológica que en sus últimas fases conlleva diversos síntomas psicológicos, tales como el deterioro intelectual, delirios de grandeza y distorsiones perceptivas. Más tarde se demostró que la espiroqueta sifilítica (*Treponema Pallidum*) es la causa de la paresia general. A su vez, este descubrimiento sirvió para la identificación de desórdenes psicológicos aunados a una patología orgánica. El éxito obtenido en la comprensión de las enfermedades físicas hizo pensar que la patología orgánica también podría dar cuenta de la conducta desviada; de esta forma se construyó un modelo de conducta basado en el concepto de enfermedad. En la actualidad sabemos que muchos desórdenes conductuales tienen un origen orgánico, pero no todos. A pesar de ello, el modelo de enfermedad mental sigue aplicándose a las conductas desviadas en las que no existe ninguna base orgánica.

Tiempo después, Freud y sus seguidores generaron los elementos para la permanencia del modelo médico; como neurólogo, Freud condujo la investigación hacia la cura de la histeria de conversión; al crear un basto y complejo mecanismo psíquico, logró explicar algunos disturbios en el funcionamiento humano, que atribuyó a defectos desajustados en los componentes dinámicamente interobservados de su aparato intrapsíquico. En este enfoque, sólo los estados intraindividuales eran considerados como causas del funcionamiento anormal, causado por lejanos e inverificables eventos sexuales típicos de la niñez de cada individuo.

Si bien no es de interés en este capítulo profundizar en la teoría psicoanalítica desarrollada por Freud, la mencionamos por considerarla de suma importancia para el mantenimiento del modelo médico; el modelo psicoanalítico supuso un determinismo por el que cualquier conducta, pensamiento o idea, por mínima que fuera, estaba provocada por mecanismos psicológicos subyacentes e intentó demostrar que todos los procesos psicológicos podían explicar todas las conductas.

Con el surgimiento de la psicología del aprendizaje, han aparecido diversas teorías de la conducta que hoy constituyen una alternativa al modelo psicoanalítico. No obstante, cuando la psicología del aprendizaje comenzó a desarrollarse, "la freudiana ya había alcanzado un prestigio y aceptación generalizada" (Kazdin, 1983, p. 48). Sin embargo, los modelos derivados de la psicología del aprendizaje, se han interesado por la influencia medioambiental del comportamiento humano y han destacado –a diferencia de los modelos Demonológico y Médico– los aspectos positivos de su funcionamiento.

En la actualidad, esta tendencia se apoya más en la competencia social que favorece la efectividad, la felicidad y la satisfacción en la vida; éstas se logran por crecimiento personal que proporciona el aprendizaje de nuevas y variadas habilidades para la competencia social; sobre todo porque la vida moderna se caracteriza por infinidad de logros vinculados con habilidades de tipo técnico; avances tecnológicos y complicados mecanismos de comunicación masiva; asimismo es frecuente que los individuos se vean obligados a funcionar en múltiples y variados contextos sociales que requieren de una considerable destreza social.

Miles de personas y quizá millones de ellas son infelices en su vida social, incluso profesionistas de muy diversas disciplinas que son altamente competentes en su profesión, pero no se relacionan eficientemente con sus colegas, subordinados, compañeros de trabajo, amigos o familiares; esto se debe al énfasis puesto en la adquisición de competencias técnicas más que de las habilidades sociales que se requieren para afrontar los nuevos retos que la sociedad les demanda. Son varios los problemas psicológicos que la sociedad moderna genera entre sus miembros, por el su acelerado ritmo de desarrollo, y la constante demanda de mayor preparación, mejor desempeño y, sobre todo, de mayor número de habilidades para competir en el ámbito social.

A pesar de que el desarrollo de aproximaciones sobre la competencia social ha seguido por varias décadas el modelo médico tradicional de salud y enfermedad mental, los enfoques derivados de la Teoría del Aprendizaje han prevalecido. Actualmente, se habla de dos enfoques generales para el estudio del comportamiento y, en consecuencia de las habilidades sociales: el cognitivo y el conductual, que han servido de receptáculo en la investigación de la competencia social. A continuación planteamos la moderna Teoría del Aprendizaje Social, que consideramos como uno de los soportes teóricos más importantes de la ciencia del comportamiento, y cuyos principios se asumen para sustentar la propuesta de evaluación de habilidades sociales.

Modelo de aprendizaje social

Este nuevo enfoque se caracteriza por la conducción del concepto de patología hacia uno que destaca el funcionamiento efectivo de los seres humanos en su ambiente social. Los conductistas han rechazado el modelo médico, así como todas las aproximaciones intraindividuales en favor del control medioambiental. Los modelos teóricos e investigación en desarrollo infantil, especialmente en las áreas cognitivas y sociales, son ejemplos del cambio de enfoque hacia las capacidades positivas del ser humano y el interjuego individuo-medioambiente. Aunque la importancia del ambiente ya había sido puesta de manifiesto por Watson (1920), sin embargo, fue con Dollard y Miller (1941), con quienes el aprendizaje social cobró mayor fuerza.

Desde esta perspectiva, los elementos básicos de los procesos de aprendizaje son cuatro: 1) "impulso", que motiva la aparición de la conducta; 2) "los indicios" o estímulos que dirigen la conducta; 3) las "respuestas" o conducta manifiesta, y 4) el "refuerzo-recompensa" que reduce la intensidad de los estímulos cuando el sujeto emite la respuesta adecuada y logra su meta.

Según estos supuestos, las respuestas que no se acompañan de refuerzo se extinguen o bien dan lugar a la aparición de trastornos de la personalidad. Estos principios han sido criticados, por lo que se concluyó que en el aprendizaje social es tan necesario el principio de "refuerzo" como el principio de "contigüidad" entre las respuestas; de esta forma se postuló la teoría bifactorial del aprendizaje (Mowrer, 1950).

Más tarde, se subrayó la importancia del "ambiente significativo" o "situación psicológica" en la que tiene lugar el aprendizaje. La situación psicológica es entendida como un tipo particular de indicios que provocan una serie de expectativas en la persona, sobre cuáles van a ser las consecuencias (recompensa o castigo) de su conducta. La persona, debido a su pertenencia a un grupo sociocultural determinado y a su historia de refuerzos sociales, ha aprendido cuál es su situación psicológica. Para ello se señalan tres conceptos básicos: 1) "el potencial comportamental" (la probabilidad de que una persona emita una conducta en una situación determinada para lograr un refuerzo específico); 2) "la expectativa" (lo que una persona espera conseguir si se comporta de una manera determinada), y 3) "el valor del refuerzo", que puede ser positivo o negativo según aumente o disminuya la probabilidad de ocurrencia de una conducta, puede también ser externo o interno, según sea considerado como refuerzo por una cultura determinada o tenga poder reforzante para un individuo concreto (Rotter, 1954).

Recientemente, se han desarrollado teorías muy específicas del Aprendizaje Social: la imitación, el modelamiento y en especial la denominada como "aprendizaje vicario" (Bandura y Walters,1974). Este último hace referencia a una situación interpersonal de aprendizaje en la que un sujeto (observador) adquiere las conductas realizadas por otro (modelo). En esta teoría, resulta especialmente importante el papel del refuerzo vicario, por medio del cual se modifica la conducta de un observador en virtud del refuerzo administrado al modelo. La teoría del aprendizaje social vicario más aceptada hasta el momento es la propuesta por Bandura (1977); para él, además de la contigüidad y de los sistemas de mediación tales como la imaginación y la conducta verbal, están implicados en el aprendizaje vicario los siguientes procesos: "atención", encaminada a discriminar entre indicios relevantes o irrelevantes de la conducta del modelo; los "sistemas de retención", que permiten mantener a largo plazo las conductas modeladas; "los procesos de reproducción motora", imprescindibles para poner en marcha las respuestas aprendidas y, por último, "los procesos motivacionales", que posibilitan que el aprendizaje sea puesto en práctica.

Bandura (1977) ha cuestionado la hipótesis según la cual la mayor parte o todo el aprendizaje humano se lleva a cabo por el condicionamiento clásico o el operante. Propone entonces la teoría del aprendizaje social, que destaca todo aquello que el ser humano puede aprender, no sólo mediante la experiencia directa (el tipo de aprendizaje explicado por el condicionamiento clásico y operante), sino también al observar lo que sucede a otros o al ser informados respecto de algo. De esta manera, el ser humano está en condiciones de aprender nuevas conductas sin realizarlas o recibir reforzamiento de ellas (aprendizaje vicario u observacional); al observar a los modelos, aprende a su vez de lo que ellos aprenden.

De acuerdo con lo anterior, en primer lugar, el individuo no sólo tiene que ver, sino además atender lo que hace el modelo, esto se le facilitará si el modelo logra captar su atención. En segundo lugar, es necesario que recuerde lo que realizó el modelo. El tercer paso será convertir en acción lo que aprendió, dado que es posible que el sujeto aprenda mucho observando a un modelo, pero nada lo obliga a realizar lo que aprendió del mismo.

Esta distinción entre aprendizaje, por una parte, y ejecución por la otra, tiene mucha importancia para los teóricos de esta escuela, que señalan que el aprendizaje se logra sin ningún cambio en el comportamiento externo. Está demostrado (Bandura, 1965) que la gente aprende una conducta sin necesidad de que la refuercen y que no es lo mismo aprender una conducta que realizarla. Si bien no se requiere del reforzamiento del modelo para que se efectúe el aprendizaje vicario, ver a un modelo reforzado o castigado proporciona información útil, puesto que muestra cuál es el comportamiento correcto y cuál es el incorrecto, además de lo que posiblemente suceda si se imita dicho modelo. Al aprender los modos de comportamiento socialmente apreciados, el individuo está en posibilidad de prever las consecuencias de actuar en diversas formas. Puesto que el ser humano no sólo posee el don de la vista sino también el de la intuición, percepción, retrospectiva y previsión, entonces puede valerse de estas cuatro habilidades para interpretar su experiencia personal y la ajena (Bandura, 1965).

Ahora bien, tomaremos como punto de referencia este modelo, para abordar en el siguiente punto la manera en que pueden adquirirse las habilidades sociales.

Aprendizaje social y habilidades sociales

En la vida cotidiana estamos acostumbrados a competir entre individuos y entre grupos, de hecho, todos los conceptos introducidos deberían ir enfocados hacia la competencia social, debido a que el ser humano se encuentra en constante crecimiento, cambio, aprendizaje e interacción continua con su ambiente, por lo que la atención debería centrarse en las conductas y capacidades positivas de los individuos así como en sus potencialidades.

La literatura que tiene su origen en la competencia social es representativa de la convicción de muchos psicólogos, acerca de que el hallazgo más importante del medio ambiente humano es la existencia de otra persona, y entre las competencias sociales más importantes están aquellas que contribuyen a la satisfacción mutua y relaciones interpersonales gratificantes.

Desde sus inicios, el estudio de las habilidades sociales ha estado íntimamente relacionado con la terapia de la conducta (Salter, 1949; Wolpe, 1958; Wolpe y Lazaruz, 1966; Wolpe, 1969; Alberti y Emmons, 1970; McFall y Twentyman, 1973). Se ha argumentado la probabilidad de que las habilidades sociales dependan de la maduración y de las experiencias de aprendizaje (Argyle, 1969). Una explicación la ofrece la teoría del aprendizaje social, ya que todo individuo al ser social por naturaleza, es influido por una serie de factores sociales que favorecen la emisión de determinados patrones de conducta e inhibe aquellos que pudieran ser los más relevantes para un desarrollo adaptativo.

El concepto de aprendizaje básicamente se centra en el comportamiento; en consecuencia, el contenido es la actividad de una persona en su ambiente social, donde el tipo y la fuerza de un patrón particular de respuesta social, de respuestas a estímulos emocionales, de la apreciación del propio comportamiento o de un aprendizaje eficiente, se consideran como resultado de operaciones de los mismos principios de aprendizaje que de forma gradual modelan cualquier comportamiento, junto con las condiciones sociales y biológicas (Kanfer y Philips, 1980).

Se ha planteado (Bandura, 1965, 1969, 1971; Bandura, Ross y Ross; 1961) que el aprendizaje básico para que se adquieran las habilidades sociales es el observacional, en el que los eventos perceptuales, simbólicos y sensoriales poseen propiedades de señal que posteriormente sirven como estímulos discriminativos para las mismas respuestas abiertas que se han observado; con esto, el observador tiende a emitir la misma respuesta ante situaciones similares.

Como puede apreciarse, el medio para adquirir el aprendizaje social es la observación y el proceso obtenido por dicho medio, es la imitación, con la que el observador podrá tener un reforzamiento de tipo vicario o directo, o bien un castigo vicario o directo, lo que refuerza o inhibe la respuesta en cuestión.

También se ha señalado (Rimm y Masters,1980) que el efecto facilitador o inhibidor se presenta en el momento en que una persona tiene establecidos ciertos patrones de conducta problemáticos (aunque la persona no los utiliza) y, por medio del modelamiento, se pueden desarrollar cánones de conducta para emplearlos como respuesta incompatible en la eliminación de conductas problemáticas.

De esta manera, los niños observan a sus padres y a las personas que los rodean e interactúan con ellos, de forma que aprenden sus estilos de interacción social mediante la imitación; tanto las conductas verbales como no verbales pueden ser aprendidas de esta manera.

La enseñanza directa es otro vehículo importante para el aprendizaje; instrucciones tales como: "di gracias", "saluda" o "dile adiós" que los padres dan a sus hijos pequeños, moldean la conducta social. Las respuestas sociales pueden también ser reforzadas o castigadas, de tal forma que es más probable que dichas conductas sean aprendidas o que se reduzcan.

Se ha documentado también (Trower, Bryant y Argyle, 1978) que las oportunidades de practicar la conducta en una serie de situaciones distintas, y el desarrollo de las capacidades cognitivas, son otros aspectos implicados en la adquisición de las habilidades sociales. De tal suerte, el funcionamiento social no habilidoso en la edad adulta (o las alabanzas por un comportamiento social exitoso), no depende completamente de los padres. En la etapa adolescente, los amigos de la misma edad y aun mayores, son modelos muy importantes y fuente de reforzamiento muy especial durante este período de la vida humana. Adquiere relevancia sobre todo la etapa adolescente, puesto que esta población pasa por una etapa de reajustes biológicos, psicológicos y sociales que propician que el joven entre a un nuevo papel de interacción social.

Por otro lado, existe evidencia respecto a la importancia del contexto social para el desarrollo de las habilidades sociales; de modo que la conducta puede estar determinada por las características sociales, económicas y culturales en las que se desarrolla, por lo que hay que considerar la acción de todo el contexto medioambiental como básico en el desarrollo y formación del comportamiento social e integral del ser humano. Por esta razón es necesario que el individuo requiera de un aprendizaje continuo para seguir siendo socialmente habilidoso; además, las habilidades sociales aprendidas pueden perderse por desuso, sobre todo si las personas se encuentran bajo largos períodos de aislamiento (Bellack y Morrison, 1982), aunado a que la actuación social puede también ser inhibida o dificultada por trastornos cognitivos y afectivos, por ejemplo, ansiedad y depresión.

Dada la influencia del medio en el desarrollo de la competencia social, McFall (1982), Meichenbaum, (1981) y Trower (1982), se han esforzado por establecer un modelo general de las habilidades sociales llamado "modelo interactivo"; es llamado de esta manera por la importancia que da al papel de las variables ambientales, a las características de la persona (pero no los "rasgos"), y a las interacciones entre ellas para producir la conducta. De esto se desprende la idea de que la persona, el ambiente y la conducta son variables fundamentales que deben tomarse en cuenta al momento de estudiar el comportamiento social (Bandura, 1978).

La moderna teoría del aprendizaje social, sostiene que la mayor parte de los determinantes de la conducta humana se localizan en la relación dialéctica y continua que existe entre un individuo y su entorno. En la familia, por ejemplo, el comportamiento de los padres hace más probable el comportamiento de su descendencia mediante el aprendizaje observacional de los hijos hacia los padres, al formarse una cadena de transmisión de pautas de comportamiento de padres a hijos.

La teoría del aprendizaje social toma fuerza a partir de los supuestos introducidos por Bandura (1977), quien ha propuesto un modelo eficaz y significativo de la terapia de la conducta desde una perspectiva del conductismo metodológico. En su formulación más avanzada, la teoría del aprendizaje social es interaccionista, interdisciplinaria y multimodal. En ella se destaca que el hombre es capaz de fijarse a sí mismo normas de ejecución y luego premiarse o castigarse, por su obtención o por no conseguirlas.

Debido a la importancia que concede a las expectativas, la intuición, la información, la autosatisfacción y la autocrítica, la teoría del aprendizaje social favorece la ampliación de nuestro conocimiento, no sólo de cómo las personas aprenden destrezas y habilidades, sino también, cómo se transmiten en la sociedad las actitudes, valores e ideas. Esta teoría puede enseñarnos asimismo, la manera de no transmitir algo. En cierta forma, la teoría del aprendizaje social recoge las mejores aportaciones del condicionamiento clásico y operante, las combina con el elemento humano y potencia la libertad para el desarrollo de conductas sociales positivas que permitan mejorar el funcionamiento cotidiano del individuo.

Definición de habilidades sociales

Una característica común a la mayoría de las definiciones de habilidades sociales, es la introducción de los conceptos de "expresión" y/o "refuerzo". La gente tiene que expresar sus sentimientos; qué expresar, cómo hacerlo o cuándo hacerlo son calificativos que determinan la utilidad del concepto "expresión". El término de "refuerzo" presenta mucho más problemas debido a que algunos autores consideran a la conducta misma como autorreforzante (Alberti y Emmons, 1982) mientras que otros consideran el reforzamiento por parte de las demás personas (Kelly, 1982).

Los problemas respecto a emplear las consecuencias como un criterio han sido señalados repetidamente: la conducta es evaluada consensualmente como habilidosa (como por ejemplo, decir "chistes") o antisocial (por ejemplo la agresión física), y ambas pueden ser de hecho reforzadas (Schroeder y Rakos, 1983). Pero el contenido y las consecuencias de la conducta interpersonal deberían tenerse en cuenta en cualquier definición de habilidades sociales. Una conceptualización de la conducta habilidosa implica la especificación de tres componentes de las habilidades sociales: conductual (el tipo de habilidad), personal (contexto interpersonal con quien tiene lugar) y situacional (el contexto ambiental).

Entre las definiciones de habilidades sociales que involucra estos componentes encontramos la propuesta por Caballo (1987, p. 14), en la que menciona que "[...] la conducta socialmente habilidosa es ese conjunto de conductas (componente conductual) emitidas por un individuo en un contexto interpersonal (componente personal) que expresa los sentimientos, actitudes, deseos opiniones o derechos de ese individuo de un modo adecuado a la situación (componente contextual), respetando esas conductas en los demás, y que normalmente resuelve los problemas más inmediatos de la situación mientras minimiza la probabilidad de futuros problemas".

Múltiples estudios como los de Bandura (1965, 1969, 1971, 1977, 1978); Roth (1986); Caballo (1987) entre otros, han estado encaminados a la comprensión de la competencia social. Aunque la mayoría de ellos coinciden en señalar la existencia de problemas a los que no se ha podido dar aún una solución definitiva. Entre dichos problemas, de acuerdo con Trower (1982), se encuentra el relacionado con las técnicas de evaluación, que no parecen estar construidas para obtener la información sobre las habilidades sociales más importantes.

Consideraciones en torno a la evaluación de habilidades sociales

El interés que ha suscitado la práctica para aprender las habilidades sociales, se ve mermado por la existencia de cuestiones teóricas sin resolver; por ejemplo, algunas de ellas tienen que ver con la definición misma de la habilidad; además, los planteamientos teóricos en sí generan problemas metodológicos, los que se refieren a la medición de lo que se entiende por "habilidad", "competencia" o "destreza social", lo que ocasiona que a su vez las técnicas de evaluación disponibles no sean muy convincentes en cuanto a su validez y confiabilidad (Roth, 1986).

Existen muchas interrogantes teóricas y metodológicas que hacen que el tema sea relativamente poco explorado y por lo mismo poco conocido, sobre todo en nuestro país, donde aún existe la tendencia a aplicar instrumentos construidos en otras regiones, sin verificar sus propiedades psicométricas, ni conocer a fondo los supuestos teóricos y metodológicos que subyacen a dichos instrumentos; no se consideran tampoco las diferencias culturales de los individuos evaluados.

Al respecto, se ha argumentado (Bellack, 1979) que la naturaleza cuestionable de los procedimientos de evaluación de las habilidades sociales puede deberse a la naturaleza tan compleja de la conducta interpersonal; además de no existir un acuerdo unificado sobre lo que constituye una conducta socialmente hábil, ni tampoco sobre un criterio externo significativo con el cual validar los problemas de la evaluación, se califica una conducta como hábil o no hábil en función de la situación en que tiene lugar (Meichenbaum, Butler y Gruson, 1981); esto es, una misma conducta puede calificarse de hábil en una situación determinada, pero totalmente inadecuada en un contexto diferente.

Sin embargo, hasta el momento no existe un instrumento realmente válido para evaluar habilidades sociales en México. Aunque las técnicas empleadas en la evaluación de las habilidades sociales se han utilizado ampliamente en otras áreas de la terapia de la conducta, dichos instrumentos se desarrollaron en un principio teniendo como referencia el constructo de asertividad y luego se incluyeron como instrumentos evaluadores de las habilidades sociales, sin cambiar su contenido (Curran, 1982; Curran, Farrell y Grunberger, 1984; Curran y Wessberg, 1981); este aspecto ha originado que en ocasiones, gran parte de los autores (por ejemplo, Hersen, Eisler y Miller; 1974; Pentz, 1980) confundan el término de asertividad con habilidades sociales o los utilicen como sinónimos, debido a que la asertividad puede ser adaptada al concepto de destreza social. Por ejemplo, si una persona desea resistir a una persuación, a la insistencia de un vendedor, al acoso sexual, se necesita que dicha persona esté segura de sí misma, con o sin presencia de ansiedad, y sin violar los derechos de las otras personas. Ejemplos de dichos instrumentos son los siguientes: *Inventario de Asertividad de Rathus* (RAS. "Rathus Assertiveness Schedule"; Rathus, 1973a); *Escala de Autoexpresión Universitaria* (CSES, "College Self Expression Scale"; Galassi, Delo, Gallassi y Bastien, 1974); *Escala de Autoexpresión para Adultos* (ASES, "Adult Self Expression Scale"; Gay, Hollandsworth y Galassi, 1975); *Inventario de Aserción* ("Assertion Inventory"; Gambril y Richey, 1975); *Escala-Inventario de Actuación Social* (SPSS, "Social Performance Survey Schedule"; Lowe y Cautela, 1978); *Escala Multidmensional de Expansión Social-Parte Motora* (EMES-M; Caballo, 1987); *Inventario de Situaciones Sociales* ("Social Situations Inventory"; Trower, Bryant y Argyle, 1978).

Otros instrumentos evalúan otros tipos de respuesta, tales como la ansiedad, más que habilidades sociales, ejemplo de ellos son: *Escala de Ansiedad y Evaluación Sociales* (SAD, "Social Avoidance and Distress Scale"; Watson y Friend, 1969); *Escalas de Ansiedad de Interacción y de Ansiedad a Hablar en Público* (IAAS, "Interaction and Audience Anxiousness Scale"; Leary, 1983); otros más pretenden medir los aspectos cognitivos de las personas, por ejemplo: *Temor a la Evaluación Negativa* (FNE, "Fear Negative Evaluation"; Watson y Friend, 1969) o la *Escala Multidimensional de Expresión Social-Parte Cognitiva* (EMES-C; Caballo, 1987) entre otros.

En la evaluación de habilidades sociales, como se dijo antes, se requiere de la inclusión de la persona, la conducta y el contexto donde se desarrollan. Dichas características parecen necesarias para la emisión de aquellas habilidades para encarar el enojo, la agresión, el estrés; así como para planificar metas (Goldstein, Sprafkin y Gershaw, 1979). Esto conduce al pensamiento de que al manifestar una habilidad correctamente, se hace incluyendo todos sus componentes (verbales y no verbales), así como de la respuesta asertiva. Sin embargo, una persona puede ser asertiva, sin ser necesariamente "hábil" en términos sociales.

Una alternativa que se considera viable, es la propuesta por Roth (1986) y que consiste en subordinar el término de asertividad al de habilidades sociales y establecer una amplia clasificación de destrezas de manera clara y objetiva que fuera seguida en todos los estudios.

Goldstein, Sprafkin, Gershaw y Klein (1979), han propuesto un manual de entrenamiento de habilidades sociales para adolescentes problemáticos; en el manual presentan una escala para medir habilidades sociales en adolescentes, que se sugiere sea aplicada por el maestro dentro del salón de clases, como una forma de detectar a aquellos adolescentes susceptibles de ser posteriormente entrenados (adolescentes que presentan problemas conductuales y de relación interpersonal), es decir, su propuesta es a nivel de intervención ante dichos problemas. A continuación se describen los orígenes y descripción de dicha escala.

Antecedentes y descripción de la escala original de habilidades sociales que se propone

Los trabajos de Quay (1966, citado en Goldstein, 1981) constituyen el punto de partida de esta escala de evaluación de las habilidades sociales. Hacia el final de la década de 1970, la investigación e interés clínico se extendió más allá de las necesidades de intervención con adultos en hospitales psiquiátricos, para incluir a otro tipo de población: los adolescentes deficientes en habilidades; la finalidad era atender aquellos trastornos asociados a una insuficiencia en las mismas. La primera tarea consistió en la descripción de los jóvenes considerados como deficientes en habilidades; surgió un gran número de sistemas de clasificación de estos casos que, desafortunadamente, carecieron de suficiente confiabilidad para el objetivo de intervención propuesto (Goldstein, 1981).

Fue hasta la existencia de los análisis estadísticos multivariados y de la sofisticada tecnología computarizada, que fue posible diseñar un sistema de clasificación de desórdenes de conducta un poco más útil. En esta categorización, Quay y Paterson (cit. en Goldstein, 1981) usaron puntuaciones de conducta observada por maestros, padres de familia, personal clínico, trabajadores correccionales, o contenidas en historias de caso, en las respuestas de los propios adolescentes dadas en pruebas de personalidad, así como información obtenida acerca de adolescentes de escuelas públicas, clínicas de dirección infantil, instituciones para delincuentes y hospitales psiquiátricos. Con esta información y mediante el uso de pruebas estadísticas multivariadas, se construyó un patrón de clasificación en tres categorías: agresión, aislamiento e inmadurez; estas categorías incluyeron la mayoría de conductas tipificadas como desórdenes conductuales. Estos mismos patrones conductuales fueron encontrados por investigadores como Achenback y Edelbrock (1978).

Por otro lado, Goldstein (1981), para cumplir con sus objetivos de entrenamiento sugirió la categorización de aquellas habilidades sociales que debería poseer un ser humano para interactuar exitosamente con sus semejantes. Su clasificación estaba compuesta por 59 habilidades, agrupadas en seis áreas generales, que abarcaban desde las habilidades más simples, tales como saber escuchar o iniciar una conversación, a las que llamó habilidades de inicio; hasta las habilidades de planeación más complejas. La asertividad fue incluida como un componente de las habilidades sociales y contenía la habilidad para iniciar y mantener interacciones sociales, habilidad para expresar opiniones contrarias a las propias, y tomar decisiones en situaciones conflictivas.

Por su parte, Goldstein, Sprafkin y Gershaw (1976) reflexionaron sobre la conducta asertiva que debía contener los siguientes pasos para su ejecución: *a)* prestar atención a las señales corporales que ayuden a conocer si son conductas indeseables o molestas para el individuo, *b)* decidir qué parte del evento causa sentimientos insatisfactorios, *c)* considerar aquellos caminos que llevan a la resolución del problema, y *d)* tomar una posición de manera directa y razonable.

Los puntos arriba mencionados plantearon la posibilidad de que la conducta asertiva fuera confundida con otro tipo de habilidades, como responder a la burla, dar instrucciones, negociar o responder a la persuasión; por esto tomaron la clasificación de desórdenes conductuales hecha por Quay y colaboradores, y decidieron categorizar a los jóvenes conductualmente desordenados en términos de la presencia o ausencia de un repertorio conductual disfuncional y casi siempre antisocial, y de la ausencia de un repertorio conductual prosocial.

Para la elaboración de esta escala, propusieron la descripción de la secuencia de tareas de la vida que todos los adolescentes debían tener. En dicha secuencia se contemplaron contextos tales como la escuela, el trabajo, la comunidad; interacción con parejas, familia y figuras de autoridad, además de todos aquellos contextos donde se desarrolla el adolescente, en los que tiene que cumplir una amplia gama de tareas de la vida, tanto personales como interpersonales. Consideraron que el amor, el sexo y la relación de pareja probablemente requerían de habilidades sociales (por ejemplo, sostener una conversación, escuchar, afiliarse), habilidades para manejar los sentimientos (por ejemplo, manejar el miedo, expresar afecto, entender los sentimientos de otros), y habilidades útiles para afrontar el estrés (por ejemplo, controlar la vergüenza, prepararse para una conversación difícil, afrontar el fracaso).

Las tareas relacionadas con las demandas escolares, tales como eficiencia y otras habilidades, se incluyeron en especial en el área de las habilidades de planeación (por ejemplo, lograr una meta, saber recabar información, tomar decisiones); así como el ámbito escolar que también requiere tareas diarias y sucesivas tales como negociar con la presión de un grupo y con las figuras de autoridad (por ejemplo, dar y seguir instrucciones).

Similarmente, el ambiente de trabajo, como multifacético, formó parte de la demanda de tareas para el adolescente y aun el requisito de habilidades especiales que requieren planeación y manejo de estrés. Golstein y colaboradores (1979) pensaron además que para muchos jóvenes, ya sea en la escuela, el trabajo o en cualquier lugar, las demandas de habilidades sociales son muy importantes y que con frecuencia involucran habilidades para dirigir y manejar satisfactoriamente la propia agresión; de ahí que Goldstein presentara una nueva clasificación de 50 habilidades sociales, en la que ya no incluye la respuesta asertiva como una habilidad.

Ese mismo año, Goldstein, Sprafkin y Gershaw y Klein (1979), propusieron la escala para medir las habilidades sociales de los adolescentes como alternativa de evaluación. Sin embargo, ésta fue diseñada para seleccionar a los adolescentes que serían sometidos a entrenamiento de habilidades sociales con fines de aplicar el paquete instruccional denominado Aprendizaje Estructurado. La evaluación propuesta por los autores ha de ser llevada a cabo por los profesores a quienes va dirigido el instrumento.

La versión final de la escala construida por Goldstein y colaboradores (1979) está compuesta por seis áreas generales:

- Habilidades de inicio, constituida por ocho reactivos
- Habilidades avanzadas integrada con seis reactivos
- Habilidades para manejar los sentimientos, que incluye siete reactivos
- Habilidades alternativas a la agresión, con nueve reactivos

- Habilidades para afrontar el estrés, con 12 reactivos
- Habilidades de planeación, que involucra ocho reactivos

El total de la escala contiene 50 reactivos, cada uno de ellos plantea una pregunta encaminada a explorar la situación problema en la que se presenta cada una de las habilidades sociales. El instrumento contiene una escala subjetiva de 1 a 5 categorías de respuesta, en las que el profesor debe contestar el grado en el que el adolescente sometido a evaluación, presenta cada una de las habilidades; donde el 1 significa que NUNCA, el 2 RARAS VECES; el 3 ALGUNAS VECES; el 4 FRECUENTEMENTE y el 5 significa que SIEMPRE es bueno en ella. (Vea Apéndice.)

En el siguiente apartado abordaremos los principios que subyacen a la readaptación de la escala, las consideraciones conceptuales y metodológicas que se utilizaron; incluimos también las características psicométricas que la sustentan, tales como su confiabilidad y validez.

Aspectos metodológicos de la Escala de Evaluación de Habilidades Sociales para Adolescentes (EEHSA)

Los aspectos metodológicos de la escala tienen como fundamente el punto de vista conductual, el cual considera aquellos elementos que demuestran el valor científico de cualquier instrumento de evaluación, tales como su confiabilidad y validez.

La *Escala de Evaluación de Habilidades Sociales para Adolescentes* (EEHSA) está construida como un inventario de autoinforme, y se fundamenta en el supuesto de que cualquier tipo de técnica es utilizable, hasta un instrumento proyectivo, en tanto las respuestas que den los sujetos sean tomadas como una muestra de sus conductas perceptivas ante estímulos estandarizados de carácter semiestructurado. Lo que es privativo de este tipo de evaluación, desde la perspectiva conductual, es cómo sean utilizados y cuál sea su contenido, es decir, "...cómo son formulados los reactivos" (Fernández y Carrobles, 1989 p. 79). Desde esta perspectiva, son útiles los instrumentos de auto-informe, de observación o de autoregistro, lo importante es elegir los elementos que presentan especificidad, tanto de la situación como de las respuestas. En el caso de la EEHSA los reactivos han sido planteados de forma concreta.

Consideraciones en torno a la confiabilidad y validez

Cualquier dispositivo o instrumento diseñado para medir, debe proporcionar al evaluador la seguridad de que los resultados que arroja son confiables y válidos; en este sentido, los instrumentos utilizados para evaluar el comportamiento humano no son la excepción, ya que en los datos que brindan, se requiere exactitud, para llegar a conclusiones apropiadas acerca de las relaciones entre las variables; de no ser así, la construcción y aplicación descuidada de instrumentos de medida pueden distorsionar la realidad del fenómeno evaluado; como lo señala acertadamente Cronbach (1970; cit. en Cone, 1976), las decisiones erróneas derivadas de mediciones incorrectas pueden dañar irreversiblemente a un individuo o una comunidad.

Si partimos de la premisa de que en la evaluación conductual interesan características dimensionales tales como la frecuencia, la latencia, la duración y la intensidad (fuerza), la actividad para calificarlas consistirá entonces en obtener información sobre una o más cantidades de alguna dimensión de interés, en desarrollar formas de generar esta información y en evaluarla con base en la exactitud de su representación. De acuerdo con Cone (1978), lo importante es evaluar hechos sobre la conducta que sean verificables, es decir, la ocurrencia o no de una conducta, su ocurrencia repetida, si ocurre en más de una situación, si se puede medir de más de una forma y si se relaciona sistemáticamente con la ocurrencia de otra(s) conducta(s). El grado de significación que se le dé a los valores obtenidos de alguna cantidad dimensional que se haya observado, podrá derivarse de la comparación que se haga con algún criterio relativamente absoluto de rendimiento efectivo. Respecto a esto, la evaluación desde el punto de vista conductual siempre está referida a un criterio (Livingston, 1977).

Una de las características sobresalientes de un instrumento de evaluación conductual es su exactitud, esto es, su sensibilidad para medir los aspectos conductuales para cuyo conocimiento se utiliza. Por ejemplo, una medida de las habilidades sociales de un alumno dentro del salón de clases, tales como poner atención, hacer preguntas al maestro acerca de los contenidos de la clase, será adecuada siempre y cuando refleje la ocurrencia de estas conductas de una forma exacta. La medida funcionará al menos para evaluar la ocurrencia y tal vez, la ocurrencia repetida de las conductas. Lo conducente para detectar dicha ocurrencia en otras situaciones y las relaciones con otras conductas dependerá de la demostración que se haga de su exactitud o sensibilidad en tales situaciones. En este sentido, la característica fundamental de las medidas que se emplean para evaluar el comportamiento es su precisión; esto es, su sensibilidad a lo que es verdadero respecto a la conducta de interés.

Establecer la precisión de un instrumento de medida es, además, un prerrequisito para su uso como medio para determinar algo sobre una conducta. Cone (1976) ha mencionado que un instrumento de evaluación conductual puede considerarse apto para evaluar conductas concretas en la medida en que se haya demostrado previamente que refleja de forma precisa su ocurrencia, su ocurrencia repetida, su ocurrencia en situaciones diferentes, su susceptibilidad de ser medida por diversos métodos de evaluación y su relación con otras respuestas.

En el establecimiento de la exactitud de un instrumento de evaluación conductual es necesario especificar con claridad las reglas o procedimientos para aplicar el instrumento y disponer de un índice con el que poder comparar los datos que se obtengan mediante el mismo. Las reglas deben ser desarrolladas por los que construyeron el instrumento, e indicar con claridad cómo se utilizó en las condiciones originales de las que se derivaron todos los datos sobre la exactitud. Independientemente de quién establezca los datos relacionados con la exactitud, será necesario en usos posteriores, adecuarse a los de las condiciones de ajuste. Si no se hace así, no sería posible inferir cuándo la medida refleja fielmente las características objetivas de la conducta objeto de evaluación (Cone, 1976).

Por otro lado, para lograr que una conducta sea medible por más de un método, es imprescindible la demostración previa de la correspondencia de los datos con algún criterio, cuando se valora mediante algún método de interés y por lo menos otro más. Este requisito tiene fundamentos teóricos y prácticos. En práctica se tiende a elegir el instrumento de evaluación que resulte más barato al evaluador, por ejemplo, valerse del autoinforme en lugar de tomar medidas directas de observación (estas últimas pueden resultar más costosas). En la teoría, la reactividad del instrumento sobre la conducta requiere la demostración de que las relaciones entre las conductas se deben a algo más que al uso accidental de un método de evaluación común.

Cone (1976) señala que, para que una conducta sea mensurable en múltiples formas y se relacione con otras conductas, se requieren dos formas comparables de exactitud en los instrumentos de medida. Así, para analizar las relaciones entre dichas conductas, hace falta más de un método de evaluación, y demostrar la exactitud y precisión de cada uno por separado; además de evidenciar la sensibilidad de las medidas, hacia las relaciones conocidas entre las conductas, en las condiciones originales en las que se midió la exactitud.

Con el término exactitud aludimos al grado en que una medida representa con fidelidad las características topográficas objetivas de la conducta en estudio. En tanto que la confiabilidad se refiere al grado de consistencia con el que las observaciones repetidas del mismo fenómeno proporcionan una información equivalente. En este sentido, un instrumento exacto es confiable, pero no lo contrario (si se observa una misma conducta repetidas veces se pueden obtener resultados consistentemente inexactos).

En términos generales podemos decir que los procedimientos de evaluación, desde el punto de vista conductual, se basan en las diferencias intraindividuales, que destacan como característica fundamental, la sensibilidad a cantidades objetivas y dimensionales de las respuestas medidas (su exactitud).

De esta forma, entendemos la confiabilidad de un instrumento en términos de una representación consistente, de las características de una conducta, en múltiples evaluaciones. La exactitud en este sentido supone confiabilidad, pero la relación exactitud-confiabilidad no es simétrica.

Otro aspecto importante por tomarse en cuenta en los instrumentos de evaluación es la validez; entendida ésta como las relaciones entre la conducta observada y alguna otra variable o variables, entonces una medida precisa puede ser válida o no serlo, e igualmente, una medida puede ser válida pero no exacta. Una medida exacta debe ser, por definición, confiable, pero no es necesario que suceda lo contrario. Por otro lado, una medida puede ser válida pero no exacta. Y finalmente, una medida puede ser confiable y válida, o confiable y no válida, pero no puede ser válida si no es confiable.

Es posible calcular la exactitud de una medida por diferentes métodos y representarlos de forma que sea familiar a los evaluadores conductuales; esto implica que la exactitud no es otra cosa que el acuerdo entre los datos obtenidos con un instrumento de medida y algún índice indiscutible de la conducta en cuestión (Cone, 1976). La prioridad en la exactitud de la medida se aplica a todos los métodos de evaluación conductual, sobre todo cuando se evalúan respuestas manifiestas, objetivamente verificables.

La Escala de Habilidades Sociales para Adolescentes (EEHSA) como medida de autoinforme

La *Escala de Habilidades Sociales para Adolescentes* (EEHSA) ha sido construida como una medida de autoinforme, donde lo que interesa es la conducta manifiesta del individuo en relación con antecedentes y consecuentes del medio ambiente, en cuyo caso, sería más apropiado utilizar el método de observación directa para la obtención de datos. Sin embargo, en algunas situaciones no es posible la observación directa de la conducta de interés y, en ese sentido, surge la necesidad de utilizar otros métodos.

De esta forma, en la actualidad se utiliza toda una gama de técnicas de evaluación conductual, que van desde la observación en situaciones análogas y de la vida real (consideradas como directas), hasta las técnicas de autoinforme en el extremo opuesto y son consideradas como indirectas (Cone, 1976). El orden de preferencia al usar estas técnicas desciende desde los más directos y semejantes a la observación, hasta los más indirectos, en cuyo extremo se encuentra el autoinforme.

En la práctica, la EEHSA puede utilizarse ampliamente, sobre todo, por su naturaleza económica, tanto en cuestión de tiempo como de recursos financieros y de personal especializado para su aplicación. Otra razón que justifica su uso es la relacionada con la necesidad de considerar, conjuntamente con los estímulos o las situaciones a las que se enfrentan las personas, la conceptualización que el sujeto hace de su medio en función de sus habilidades, sus constructos personales, sus expectativas, sus valores y sus sistemas regulatorios. No se trata de abandonar los factores ambientales, sino de hacer una reformulación de dichos elementos a partir de la percepción del individuo, que es quien recibe la influencia del medio. La relevancia de los elementos de una situación, estará dada en función de lo que el sujeto atiende de dicha situación y a lo que confiere algún significado.

De ahí que resulta interesante conocer la experiencia subjetiva del sujeto, en la que la EEHSA puede ser uno de los instrumentos idóneos para lograrlo. Como menciona Meichenbaum (1977) no se trata de negar la importancia de los factores ambientales (antecedentes y consecuentes de la conducta), sino de lograr un equilibrio en favor de la consideración de factores ambientales, sin tomar en cuenta los aspectos personales. Aunque debe advertirse que, sin una buena motivación, el informe del sujeto puede no ser objetivo, sobre todo, si no es contrastable con otros métodos de evaluación, pero es muy útil porque permite conocer la visión que el individuo tiene acerca de su propia conducta y de su entorno.

En este sentido, la EEHSA debe tomarse sólo como una muestra de conducta del sujeto, y no como signo a partir del cual se hagan inferencias acerca de las variables subyacentes que puedan explicar su conducta, o al menos se trata de reducir lo más posible las inferencias de este tipo. Además de que los datos obtenidos por medio de la EEHSA, tendrán significado directamente, también se pueden comparar con las normas obtenidas, es decir, pueden realizarse comparaciones intrasujeto e intersujetos.

Por todas estas consideraciones es evidente el valor práctico de la escala ya que mediante ella, se pueden detectar distintas habilidades cuyas deficiencias permitirán al interesado, lograr una delimitación tentativa del problema, que ayude posteriormente a la recopilación de medidas más específicas basadas en ella.

Como tal, la información recabada mediante la escala, representa sólo una muestra del comportamiento del sujeto que debe ser tomada en cuenta, sobre todo si deseamos detectar o definir una área problema o de evaluar alguna inhabilidad social específica para realizar alguna intervención terapéutica.

Sin embargo, existe una serie de factores que pueden disminuir su confiabilidad, entre ellos se encuentra la influencia de las disposiciones de respuesta, tales como la deseabilidad social, o el falseamiento de la información que dé el sujeto evaluado. De cualquier forma, la escala aporta información sobre el punto de vista del sujeto, y éste es un dato muy importante en sí mismo, aunque no debe descartarse la posibilidad de obtener información procedente de otras fuentes, acerca de la conducta de dicho sujeto; de tal forma que, además de validar los datos proporcionados por él en la escala, permitan ampliar la información y tener un panorama más completo de todas sus dimensiones.

La realización de la *Escala de Evaluación de Habilidades Sociales para Adolescentes*, permitirá a futuros investigadores tener un primer acercamiento a su estudio y estar en posibilidad de dar entrenamiento preventivo, más que correctivo, para dotar a los jóvenes con aquellas habilidades prosociales que los ayuden a interactuar de forma más exitosa; y prevenir con ello, el surgimiento de problemas conductuales que presumiblemente se encuentran asociados a una carencia de destrezas alternativas; aspecto que redundará en una intervención primaria oportuna.

Características de la Escala de Evaluación de Habilidades Sociales para Adolescentes (EEHSA)

Para la elaboración de la EEHSA se partió del supuesto de que las habilidades sociales se relacionan con factores tales como la edad, sexo, escolaridad (Caballo, 1987); se consideró también que los adolescentes se encuentran inmersos en múltiples y variadas situaciones contextuales relacionadas con la historia personal y la ocupación. Además, las habilidades sociales que presentan se distribuyen de forma diferente dependiendo de las oportunidades de inserción social y de la formación académica institucionalizada a las que se enfrentan.

La escala está orientada hacia la consideración de medidas indirectas reportadas por los adolescentes evaluados, lo cual no significa, de ninguna manera, que esta forma de evaluación sea la única ni la mejor. Considerarla como una medida indirecta significa que existe un instrumento (la escala) mediador entre la persona evaluada y el investigador.

En general, la escala que presentamos está construida como un autoinforme, para evaluar la autopercepción de los jóvenes en cuanto a sus habilidades sociales.

Por otro lado, la efectividad de la escala está basada en la evidencia de haber logrado que cada uno de los reactivos tuviera la capacidad de discriminar medidas repetidas en diferentes tiempos y personas, se buscó asimismo que la escala en su totalidad fuera consistente y confiable para medir en los jóvenes dichas habilidades.

Además, la escala cobra importancia por los siguientes aspectos: *a)* la falta de habilidades sociales constituye correlatos de múltiples trastornos de conducta; *b)* pueden vincularse con la prevención primaria y secundaria de los trastornos a los que se ven asociadas; *c)* se pueden instrumentar en ambientes no convencionales, para beneficio de un mayor número de individuos (Roth, 1986); *d)* permite hacer evaluaciones confiables y válidas que evidencian las deficiencias, como una forma de obtener una primera aproximación a los mismos para, de esta manera, tomar las medidas preventivas o correctivas en los casos que así lo requieran.

Consideraciones en torno a la selección de la muestra

La población disponible a la que se aplicó la escala EEHSA, fue de jóvenes cuyas edades oscilaban entre los 12 y 20 años, de los niveles académicos de primaria, secundaria, secundaria técnica, bachillerato y bachillerato técnico; se distinguió entre aquellos que trabajaban y estudiaban, los que sólo trabajaban y los que al momento de ser evaluados ni trabajaban ni estudiaban. La población a la que se espera generalizar los resultados, es la constituida por los adolescentes de México.

Se destacó a los adolescentes del nivel medio básico (secundaria), en técnica y no técnica, por considerar que, en la ciudad de México, es muy frecuente que los jóvenes que ingresan a los Colegios Nacionales de Educación Profesional (CONALEP) o Colegios de Bachilleres por ejemplo, han sido rechazados en un primer momento de otras instituciones; tales como aquellas que pertenecen a la Universidad Nacional Autónoma de México (UNAM), es decir las preparatorias, o las pertenecientes al Instituto Politécnico Nacional (IPN), conocidas como CECYT.

Lo anteriormente señalado conduce a los jóvenes a la búsqueda de un plantel educativo que les permita continuar con sus estudios sin perder la secuencia; este hecho, en muchas ocasiones, hace más probable la desmotivación de los muchachos, por no haber sido aceptados inicialmente en el plantel de su preferencia, o porque en su afán por ser aceptados en una escuela, no toman en cuenta si ésta les queda lejos de su hogar; así, se conforman planteles de educación técnica con poblaciones heterogéneas de estudiantes que, presumiblemente, carecen de las habilidades necesarias para elegir el plantel educativo de acuerdo con sus aptitudes, intereses, valores, nivel económico y demanda social.

Para evitar elecciones tendenciosas que no garantizaran la representatividad de las características de la población en torno a las habilidades sociales, aplicamos el método de muestreo aleatorio; éste sólo fue posible en los diferentes ámbitos académicos, debido a que en los planteles se cuenta con registros del número de alumnos y grupos a los cuales fue posible tener acceso. En los casos en que se desconocía el tamaño de la población de interés empleamos procedimientos no aleatorios tales como el muestreo por accidente, por ejemplo en la variable ocupación (jóvenes que sólo estudian, que sólo trabajan, que trabajan y estudian, que no estudian ni trabajan; en edades comprendidas entre 12 y 20 años), o el muestreo intencional, para elegir las muestras de adolescentes que ni trabajaban ni estudiaban, se eligieron los lugares ya sea de recreación o aquellos donde presumiblemente, se encontraran dichos jóvenes.

Los procedimientos de muestreo utilizados, se hicieron de la forma más cuidadosa y sistemática posible, de tal suerte que garantizara que los miembros de la muestra fueran lo suficientemente representativos de toda la población, para permitir hacer generalizaciones precisas acerca de la misma.

Consideraciones en torno a la sensibilidad de EEHSA

Para lograr la consistencia interna de los reactivos o sensibilidad de la EEHSA que permitieran discriminar las diferencias de habilidades sociales entre los jóvenes, aplicamos el método de correlación punto-escala en cada una de las seis áreas y para toda la escala de tal forma que nos permitiera estimar la exactitud con la que ésta mide cada una de las habilidades sociales (planteadas en reactivos), por medio de la identificación de la sensibilidad y especificidad que posee dicho instrumento en su totalidad.

La sensibilidad hace referencia a la proporción de adolescentes con deficiencias en habilidades sociales, identificados como tales por el proceso utilizado en la evaluación de los mismos. La especificidad, por el contrario, se refiere a la proporción de jóvenes que no presentan estas deficiencias.

El análisis de correlación implica una relación entre las condiciones; esta relación atañe a la dirección (positiva o negativa) o a la magnitud (fuerte o débil). Si por ejemplo, un reactivo correlaciona negativamente con el área a la que pertenece, éste tendrá un poder discriminativo bajo, debido a que el valor negativo implicaría que no se relaciona con su área y en consecuencia no sirve como indicador de la misma. Entre más bajo sea el valor negativo del reactivo, más pobre será su contribución o fuerza para evaluar la característica que representa en el área a la que pertenece. Si por el contrario, el reactivo correlaciona positivamente, su poder discriminativo aumentará. Entre más alto sea el valor positivo del reactivo, mayor será su contribución para evaluar la habilidad social del área a la que pertenece.

Esta misma lógica fue aplicada para medir la consistencia interna de cada uno de los reactivos con la escala total y las seis áreas que la conforman. Para determinar la correlación de los reactivos respecto a cada una de las áreas que evalúa la escala se aplicó el Coeficiente de Correlación Producto Momento de Pearson (r). Este procedimiento se siguió en cada una de las áreas y con el total de la escala. Por otro lado, para evaluar la influencia particular de cada reactivo con cada una de las áreas, y éstos con la escala total, se aplicó el Coeficiente Alpha de Cronbach, con el cual medimos si la consistencia de cada área o de la escala aumentaba o disminuía con la eliminación o la inclusión de algún reactivo particular.

Aplicamos asimismo el estadístico *t de Student*, para medir la sensibilidad de la escala en las diferentes poblaciones de adolescentes, y la significación de dichas diferencias, en cuanto a género, nivel académico y ocupación.

Criterios de identificación en las dimensiones contextual y situacional

Si partimos del supuesto de que las habilidades sociales deben considerarse dentro de un marco cultural determinado, y tomamos en consideración los patrones cambiantes de comunicación entre culturas y dentro de una misma cultura (subculturas), entonces el grado de efectividad de una persona dependerá de lo que desea lograr en una situación particular, y de que la persona trae también a la situación sus propias actitudes, valores, creencias, capacidades cognitivas y un estilo único de interacción. En este sentido consideramos los factores ambientales, las variables de la persona y la interacción entre ambas. Incluimos para ello tres componentes: el conductual (tipo de habilidad), el personal (las variables de la persona ante quien o con quien se presenta la habilidad) y el situacional (el contexto ambiental). Este último quedó expresado en dos partes como reactivos abiertos, debido a que los factores situacionales son múltiples y variados y a que cada adolescente puede expresar el contexto particular en el que se considera inhábil; es decir, la serie de situaciones puede ser tan amplia que difícilmente puede hacerse una clasificación universal.

Procedimientos para obtener la confiabilidad y utilidad de EEHSA

Como ya se mencionamos, para la adaptación de la escala EEHSA se partió de la propuesta por Goldstein, Sprafkin, Gershaw y Klein (1979), la cual consta de 50 reactivos agrupados en seis áreas generales (vea Apéndice) y se aplicó como primera instancia a la población de adolescentes mexicanos.

La finalidad de la escala, estuvo enfocada hacia el logro de su confiabilidad y validez, de tal forma que pudiera servir como herramienta metodológica, para evaluar a grupos de jóvenes que aún no presenten conductas problemáticas o desadaptadas; y poder estar en condiciones de lograr una prevención oportuna de problemas conductuales, asociados a una deficiencia de repertorios prosociales.

Para ello reestructuramos los reactivos, calculamos su consistencia interna, modificamos la forma de presentación y las instrucciones, elaboramos una hoja de respuestas y añadimos el componente personal (ante quién o con quién ocurre la habilidad presentada, presentado como inciso *a)* y un componente contextual (en dónde ocurre, presentado como inciso *b)*, aspecto no considerado en la escala original.

Si bien el objetivo inicial fue elaborar una escala para medir habilidades sociales en adolescentes mexicanos, tomamos esta propuesta por considerarla útil para dicho objetivo, aunque con las modificaciones ya mencionadas. Además, adaptamos la escala original para que fuera contestada por los adolescentes y no por el profesor como se propuso inicialmente. De esta forma, primero se adaptó cada reactivo que estaba dirigido al maestro, y se planteó de forma que pudiera ser contestado por los adolescentes; redactamos los reactivos en un lenguaje apropiado a nuestra cultura de tal forma que pudiera ser comprendido por ellos; añadimos a cada uno de los reactivos dos componentes: el personal y el situacional; y por último elaboramos una hoja de respuestas para la escala.

Población de estudio y lugares de aplicación

Aplicamos finalmente la escala original, a una muestra proporcional de adolescentes de entre 12 y 20 años (N = 500) de nivel secundaria y bachillerato, como una primera prueba piloto de la misma. El objetivo de esta primera aplicación fue probar la escala para medir la consistencia interna de sus reactivos, para lo cual efectuamos un análisis de reactivos; redactamos o eliminamos aquellos donde se obtuvieron correlaciones bajas o negativas antes de realizar una segunda prueba piloto.

Hicimos una segunda aplicación de la escala en jóvenes (N = 900) que cubrían el requisito de edad (12 a 20 años) de distintos niveles académicos y distintas ocupaciones para evaluar su consistencia interna después de la primera modificación.

La aplicación final de la escala se realizó en distintas escuelas de nivel básico, medio básico y medio superior, de las diferentes zonas del Distrito Federal y área metropolitana y en los Colegios de Ciencias y Humanidades y en los Colegios Nacionales de Educación Profesional (CONALEP) para nivel de Bachillerato Técnico.

Los adolescentes de primaria (terminada o inconclusa) fueron evaluados en Villa Margarita Maza de Juárez, del sistema Desarrollo Integral de la Familia (DIF), del cual tomamos el total existente de este nivel (101 adolescentes) y en el Consejo de Menores de Obrero Mundial, del cual tomamos el total existente en este nivel (90 jóvenes) con ello se reunió un total de 191 adolescentes en esta categoría.

Para el nivel de secundaria y secundaria técnica, acudimos a las distintas Inspecciones de Zona. En el caso del nivel bachillerato recurrimos a los Colegios de Ciencias y Humanidades, tomamos un grupo al azar de cada nivel (uno de primero, uno de tercero y uno de quinto semestre). Como en estos planteles hay cuatro turnos, elegimos al azar el turno en el cual se aplicaría la escala en cada plantel.

Los adolescentes que trabajan fueron evaluados de manera individual, para ello visitamos algunos lugares de trabajo, principalmente tiendas de autoservicio tales como: Liverpool Polanco, Sanborns del Valle, Gigante Vallejo y Gigante el Rosario.

Por su parte, los jóvenes que trabajan y estudian fueron evaluados, de igual manera que los anteriores, en tiendas de autoservicio: De Todo Copilco, Gigante del Rosario y Gigante Vallejo. Finalmente visitamos algunos lugares de recreación para evaluar a aquellos adolescentes que ni trabajan ni estudian; seleccionamos dichos lugares según el supuesto de que son de recreación, lo que hacía muy probable que los jóvenes de estas características se encontraran en lugares tales como: parque Eduardo Molina, parque Villa Coapa, Alameda Central, Parque Tezozómoc, La Villa de Guadalupe, Parque Indios Verdes, Parque Abasolo y el Centro de la ciudad (Zócalo), todos estos sitios ubicados en el Distrito Federal.

Para probar la efectividad de la escala, ésta fue comparada con muestras proporcionales de adolescentes (2 528 casos) de ambos sexos (1 111 mujeres y 1 417 hombres) de los diferentes niveles académicos (primaria, secundaria y secundaria técnica, preparatoria, y preparatoria técnica), se distinguió a aquellos que sólo estudiaban, de los que estudiaban y trabajaban, y a aquellos que al momento de ser evaluados ni estudiaban ni trabajaban, pero que cubrían el requisito de edad de entre 12 a 20 (vea cuadro 1).

En el cuadro presentamos las muestras y proporciones, parciales y totales de la tercera aplicación, así como los lugares de procedencia de las mismas. Finalmente medimos la confiabilidad de la escala, por el método de mitades. En resumen, la adaptación de la escala fue llevada a cabo en seis etapas:1) Traducción y readaptación de la escala original. 2) Primera

Nivel académico	Población	Muestra	Proporción
Primaria:			
Escuela Primaria Margarita Maza de Juárez	101	101	1
Consejo de Menores	90	90	1
Total:	191	191	1
Secundaria:			
Secundaria 221 Diurna	320	122	0.38
Secundaria 61 Diurna	496	120	0.24
Secundaria 65 Diurna	485	118	0.24
Secundaria 94 Diurna	841	104	0.12
Secundaria 33 Vespertina	341	107	0.32
Secundaria 7 Vespertina	371	133	0.36
Secundaria 15 Vespertina	767	112	0.15
Total:	3 621	816	0.22
Secundaria Técnica:			
Nivel académico	Población	Muestra	Proporción
Secundaria Técnica 65	430	98	0.22
Secundaria Técnica 98	508	100	0.19
Secundaria Técnica 31	423	98	0.23
Secundaria Técnica 35	375	97	0.25
Total:	1 736	393	0.22
Nivel bachillerato:			
CCH Vallejo	3 162	100	0.03
CCH Oriente	3 285	100	0.03
CCH Azcapotzalco	3 177	175	0.06
CCH Sur	3 564	100	0.03
Naucalpan	2 766	110	0.04
Total:	15 934	585	0.04

Cuadro 3.1 **Muestra total y proporción de adolescentes en los que se aplicó la escala de habilidades sociales.**

Bachillerato técnico (Conalep):			
Nivel académico	Población	Muestra	Proporción
Coacalco	622	77	0.12
Ecatepec II	539	72	0.13
Ciudad Azteca	747	77	0.10
Gustavo Baz	742	71	0.10
Naucalpan II	212	45	0.21
Indios Verdes	442	72	0.16
Atizapán I	722	62	0.09
Atizapán II	277	67	0.24
Total	4 303	543	0.13
Ocupación:			
Trabajan	No	108	No
Trabajan y estudian	No	341	No
Ni trabajan ni estudian	No	115	No
Total	No	564	No

aplicación piloto de la escala. 3) Primer análisis de reactivos de la escala original. 4) Segunda aplicación piloto de la escala corregida. 5) Evaluación de la efectividad de la escala. 6) Cálculo de su confiabilidad.

Para el análisis de reactivos nos valimos del Paquete Estadístico para las Ciencias Sociales SPSSPC+V.4.01. Analizamos los 50 reactivos de la escala y calculamos su consistencia interna respecto de la escala en su totalidad, y de cada reactivo con el área correspondiente mediante el Coeficiente Alfa de Cronbach, además de evaluar la consistencia interna de cada reactivo mediante el procedimiento punto-escala, calculamos las respuestas obtenidas en cada reactivo y el puntaje total de la escala, menos el puntaje obtenido en dicho reactivo. El Coeficiente de Correlación Producto Momento r de Pearson fue empleado y se incluyeron aquellos reactivos cuyas correlaciones fueron positivas, eliminando y/o reelaborando aquellos que arrojaron correlaciones muy bajas o negativas (menores de 0.30). Para la segunda aplicación de la Escala ya corregida, llevamos a cabo procedimientos similares a la primera aplicación.

Seguimos este procedimiento hasta que la escala tuvo consistencia interna, es decir, que fue capaz de tomar medidas diferentes de cada individuo medido en las habilidades evaluadas, aspecto que consideramos cumplido cuando todos los reactivos tuvieron correlaciones positivas satisfactorias (arriba de r=0.30), quedaron así las clases de respuesta, o componentes de la dimensión conductual, expresadas en cada una de las 50 habilidades sociales expresadas en reactivos.

Dimensión contextual (ante quién y dónde)

Para evaluar la dimensión personal en la escala, se categorizaron las respuestas dadas a partir del primer estudio piloto, en el inciso *a)* –ante quién o con quién– como sigue: 1. FAMILIARES, 2. AMIGOS, 3. PERSONAS CONOCIDAS, 4. FIGURAS DE AUTORIDAD, 5. CUALQUIER PERSONA, 6. CON NADIE O ANTE NADIE, 7. ANTE EXTRAÑOS, 8. OTROS.

Para establecer cada una de las categorías anteriores, tomamos las respuestas dadas por los adolescentes en las evaluaciones piloto, y quedaron como sigue: 1. FAMILIARES, se consideraron respuestas tales como hermanos y padres; 2. AMIGOS, se incluyeron todas aquellas respuestas que así se expresaron o que no siendo familiares, fueron expresadas como amigos; 3. PERSONAS CONOCIDAS, se incluyeron las personas cuya relación fuera superficial, tales como vecinos o compañeros de escuela o de vecindario, pero que no se consideraban como amigos; 4. FIGURAS DE AUTORIDAD, se incluyeron aquellas respuestas manifestadas explícitamente como tales, entre las cuales se encontraron los jefes, maestros o padre y madre. Aunque, al parecer, padre y madre pudieron ser inclusivos de la categoría de familiares, y jefe y profesor, pudieron ser inclusivos de la categoría de personas conocidas, se clasificaron como una categoría diferente, cuando las respuestas hacían referencia explícita como tales; 5. CUALQUIER PERSONA; 6. CON NADIE; 7. ANTE EXTRAÑOS, también se consideraron tal cual fueron expresadas por los adolescentes y 8. OTROS, en esta categoría se incluyeron las respuestas que no entraban en ninguna de las anteriores.

En el caso de la dimensión situacional (dónde), todas las respuestas dadas en el inciso *b)*, se agruparon de acuerdo con las respuestas expresadas de forma explícita en dichos lugares, y quedaron en la categoría de "otros" todas aquellas respuestas que no podían incluirse en ninguna de las siete clasificaciones siguientes: 1. CASA, 2. ESCUELA, 3. LUGARES RECREATIVOS, 4. LUGAR DE TRABAJO, 5. CUALQUIER LUGAR, 6. NINGÚN LUGAR, 7. EN LA CALLE y 8. OTROS.

Confiabilidad y utilidad de EEHSA

Como resultado de haber aplicado la escala en dos momentos diferentes (los dos estudios piloto) y de haber realizado readaptaciones a los reactivos para el logro de una capacidad discriminativa que nos permitiera distinguir las diferencias interindividuales en las habilidades sociales, la versión final de la escala quedó como sigue: las áreas I, II, V y VI conservaron el número de reactivos de la escala original (8, 6, 12 y 8 respectivamente), y solamente las áreas III y IV fueron modificadas en cuanto al número de reactivos que las conforman. El área III quedó integrada con seis reactivos y la IV con 10. En el Apéndice puede apreciarse la escala y hoja de respuestas en su versión final. El cuadro 2 ilustra los reactivos que integran cada una de las áreas de la escala.

Con la finalidad de que las seis áreas que componen la escala estuvieran representadas equitativamente en cuanto al número de reactivos, hicimos un análisis cuantitativo mediante el estadístico Ji cuadrada, no encontramos diferencias estadísticamente significativas entre el número de preguntas que conforman las áreas ($p < 0.05$).

Para medir la utilidad de la escala realizamos una comparación de las distribuciones teórica y empírica de los datos mediante la distribución de probabilidad teórica de la binomial, en la escala total y en cada una de las áreas que la conforman, enseguida aplicamos las pruebas de hipótesis, que nos permitieron probar la significancia de la diferencia entre las dos distribuciones, hicimos también un análisis descriptivo, en el que comparamos los promedios de habilidades sociales alcanzados, en cuanto a género, nivel académico y ocupación. Por último, describimos lo encontrado en las dimensiones personal y contextual de la escala.

Criterios de aplicación

Los adolescentes que sean sometidos a evaluación psicológica de cualquier tipo, tienen derecho a una buena planeación, administración y condiciones físicas adecuadas, antes de iniciar dicha evaluación. Estos criterios son especialmente importantes en pruebas como la EEHSA, para evitar el cansancio de los jóvenes, o las respuestas al azar.

Es recomendable que antes de aplicar la *Escala de Evaluación de Habilidades Sociales para Adolescentes* (EEHSA), se dé una explicación clara y detallada de los objetivos que pretendemos y de la pertinencia de contestarla con sinceridad, para que los resultados puedan ser predictores del funcionamiento habilidoso o no habilidoso de los sujetos bajo evaluación. Recuérdese, que una contestación deseable, puede arrojar resultados erróneos que entorpecen el futuro entrenamiento. Para ello, el examinador repartirá la prueba a cada uno de los jóvenes (en caso de una evaluación grupal) o al adolescente en evaluación, en caso de que la aplicación sea individual; y la hoja de respuesta respectiva.

Enseguida deberá leer en voz alta las instrucciones que aparecen en la primera hoja de la escala, mientras los jóvenes en evaluación podrán leerlas en voz baja, de tal forma que éstas sean claras para todos. En caso de dudas, respecto de cada una de las habilidades presentadas en los reactivos, éstas deben ser resueltas antes de comenzar a contestar la escala. El paso a seguir se relaciona con la hoja de respuestas, en este caso sugerimos que ésta sea contestada primeramente en la parte superior donde aparecen los datos personales, de no hacerlo antes de contestar la escala, es muy probable que esta parte sea olvidada por el estudiante, se pierde, en consecuencia, información valiosa para su interpretación. Hemos encontrado cierta variabilidad en cuanto al tiempo requerido para contestar la escala, sin embargo, puede considerarse una hora en promedio para su aplicación.

Calificación de la escala

La calificación de la escala es sumamente sencilla, basta conocer la puntuación bruta en cada una de las áreas y el total de la escala, para ello es necesario sumar los valores asignados por cada individuo a cada uno de los reactivos en cada una de las áreas, no sin antes conocer cuáles y cuántos de ellos pertenecen a cada área, esta información se proporciona en la tabla 3.2.

Descripción de las normas

Las normas para la *Escala de Evaluación de Habilidades Sociales para Adolescentes* (EEHSA) se expresan en percentiles, para cada puntuación cruda posible, para cada área por separado y para el total de la escala. Los percentiles puede ser usados para traducir las puntuaciones brutas de un individuo a percentiles para su registro en forma de registro individual. Los percentiles

Gracias por tu colaboración   Fecha: _____

Escala de habilidades sociales para adolescentes		
Áreas	Habilidades	Número
(I) Inicio	1. Escuchar 5. Agradecer 2. Iniciar una conversación 6. Presentarse 3. Mantener una conversación 7. Presentar a otros 4. Preguntar 8. Hacer cumplidos	8
(II) Avanzadas	9. Pedir ayuda 10. Trabajar en grupo 11. Dar instrucciones 12. Seguir instrucciones 13. Disculparse 14. Convencer a otros	6
(III) Para manejar sentimientos	15. Conocer sus propios sentimientos 16. Permitir que otros conozcan sus sentimientos 17. Entender los sentimientos de otros 18. Mostrar afecto 19. Encarar el miedo 20. Autovalorarse	6
(IV) Alternativas a la agresión	21. Lograr un permiso 26. Autocontrolarse 22. Pedir permiso 27. Defender sus derechos 23. Ofrecer ayuda 28. Afrotnar la burla 24. Ayudar cuando lo piden 29. Evitar problemas 25. Negociar 30. Evitar peleas	10
(V) Para encarar el estrés	31. Reclamar asertivamente 32. Responder a la queja de otros 33. Expresión de opiniones honestas ante logros de otros 34. Encarar la vergüenza 35. Encarar la frustración 36. Defender a un amigo 37. Resistir la persuación 38. Afrontar el fracaso 39. Aclarar un mensaje confuso 40. Responder ante una acusación 41. Expresar opiniones 42. Resistir la presión del grupo	12
(VI) Planeación	43. Motivación en actividades nuevas 44. Discriminar problemas 45. Lograr una meta 46. Auto-conocer capacidades 47. Obtener información 48. Establecer prioridades 49. Tomar decisiones 50. Planear antes de actuar	8

Cuadro 3.2 **Número de habilidades sociales que conforma cada una de las áreas.**

se presentan para cada nivel escolar, edad, ocupación y sexo, estos últimos se dan por separado para hombres y mujeres.

La lectura de los percentiles para la *Escala de Evaluación de Habilidades Sociales para adolescentes* (EEHSA), han sido elaboradas de forma tal que motiven a una interpretación más realista de las puntuaciones de las seis áreas y el total de la escala. En todas ellas su confiabilidad y sensibilidad ha sido cuidadosamente calculadas, como puede apreciarse en la descripción de las características de la escala.

No obstante, como ninguna prueba psicológica puede ser perfectamente confiable, debido a la complejidad del comportamiento humano, y menos cuando se trata de evaluar habilidades sociales, ya que como se argumenta en los fundamentos teóricos que le subyacen, donde éstas dependen del contexto en el cual se evalúan, es necesario advertir al usuario del error probable en cualquier puntuación de prueba. En este sentido, todas las puntuaciones han sido convertidas en 23 valores percentiles para evitar precisiones exageradas.

Conclusiones

Con los nuevos descubrimientos, cada vez el mundo de la tecnología se hace más y más sofisticado; ya no basta con tener lo indispensable para vivir de una forma decorosa, pues el bombardeo de productos más avanzados crea nuevas necesidades en los seres humanos; de tal suerte, que los individuos, para tener acceso a la satisfacción de estas necesidades creadas, además de las básicas ya existentes, se ven ante la disyuntiva de funcionar en múltiples y variados contextos sociales, que les demandan una mejor preparación, para lo cual requieren de una considerable destreza social.

Al comparar el interés que ha suscitado la adquisición de habilidades de tipo técnico frente a las destrezas útiles para una interacción social funcional o armónica con los demás, quedan a la vanguardia las primeras; éstas rebasan en desarrollo, al estudio del comportamiento humano y más aún, a su estudio científico. Este hecho se ve reflejado en miles de personas; en nuestro país por ejemplo, existen personas que se muestran infelices en su vida social, incluso los profesionistas más competentes en su profesión, no se relacionan de forma adecuada con sus jefes, colegas y subordinados; o en su hogar; viven el problema de no entenderse con su pareja o con sus hijos.

En este sentido, cobra importancia la escala propuesta, como una herramienta metodológica práctica, para tener una visión de las habilidades sociales que presenta una parte muy importante de la población, que potencia el desarrollo futuro de nuestro país (los adolescentes).

La escala en su totalidad puede considerarse sensible para evaluar las habilidades sociales en los adolescentes. Las puntuaciones de correlación obtenidas en la muestra nos permiten aseverar que los reactivos que la conforman, pueden ser representativos para evaluar las seis áreas, sobre todo, las habilidades alternativas a la agresión, para encarar el estrés, y las de planeación, cuyas correlaciones alcanzaron los puntajes más altos; sin descartar las habilidades de inicio, avanzadas y para manejar los sentimientos que, si bien sus puntuaciones fueron un poco menores, pueden considerarse satisfactorias para lograr la representatividad del área a la que pertenecen. En todo caso, la leve disminución de sus puntajes puede deberse a efectos aleatorios.

La sensibilidad de la escala, queda confirmada en las puntuaciones de correlación, obtenidas de las diferentes unidades de análisis: niveles académicos, sexos y ocupación; se encontró que su poder para discriminar, en su totalidad, las 50 habilidades sociales en cada una de ellas, fue bastante alta (cercanas a 1). Respecto al nivel académico, la escala es sensible para evaluar las habilidades sociales en todos los niveles. Aunque su potencialidad para medirlas es mayor en los jóvenes de secundaria y preparatoria técnica, en cuyo caso, puede emplearse con la confianza de que medirá las diferencias de destrezas sociales en este nivel; sin menospreciar los de primaria, secundaria y preparatoria no técnicas, aunque en estos últimos niveles se hayan encontrado puntajes ligeramente más bajos, pueden considerarse satisfactorios para hacer esta afirmación.

Por otro lado, en el caso de medir las habilidades sociales de los adolescentes en las diferentes situaciones: los que solamente trabajan, los que trabajan y estudian, los que sólo están dedicados al estudio y los que no trabajan ni estudian; la escala también resultó sensible para evaluar las habilidades sociales y arrojar diferencias en los muchachos que se encuentran en estas situaciones. Aunque en los que ni trabajan ni estudian, la escala presentó bajas puntuaciones en dos de sus áreas (las de inicio y para manejar sentimientos), hecho que debiera investigarse más a fondo para ver si esta baja sensibilidad es producto de errores de muestreo o de otras causas no contempladas.

La capacidad potencial de la escala para distinguir las diferencias en cuanto a género, los puntajes obtenidos en cada una de estas condiciones, también fue satisfactoria; en este caso concluimos que sirve para evaluar las habilidades sociales en ambos sexos distinguiendo sus diferencias. De esta forma, como ya mencionamos, la escala presenta sensibilidad y especificidad, lo que permitirá detectar tanto la presencia de deficiencias en habilidades sociales como su ausencia.

La distribución empírica se obtuvo a partir de los datos obtenidos al evaluar las habilidades sociales en los adolescentes, al asociar a cada uno de los reactivos de cada área y del total, su probabilidad real; ésta fue calculada para dicho fin, y explicó, de esta forma, la probabilidad de cada reactivo.

La distribución de probabilidad teórica está constituida por todas las probabilidades esperadas o *a priori*, según la suposición de que todos los reactivos tenían la misma probabilidad de presentarse en los 2 528 adolescentes; en ese sentido, cada reactivo podía presentarse o no independientemente de los demás.

Esta imagen de la distribución, permite elaborar estrategias para entrenar habilidades específicas, e incrementar otras que pudieran dotarlos de habilidades complementarias.

Por su parte, la dimensión de persona planteada en la escala como inciso *a)* y la dimensión de situación que evalúa la escala en el inciso *b)*, se presentan de forma abierta ¿ante quién? y ¿dónde? respectivamente, debido a que, como parte de un contexto situacional, también pueden variar al depender de la habilidad de que se trate ya que, por ejemplo, no es lo mismo expresar sentimientos en la calle, que en el interior del hogar.

Los resultados encontrados en estas dimensiones corroboran los planteamientos hechos por Bandura (1965, 1969, 1971, 1977, 1978); Bandura y Walters (1963); Roth (1986); Caballo (1987) entre muchos otros, respecto de la existencia de problemas en el estudio de las habilidades sociales; en especial uno de los problemas ya mencionados por Trower (1982), puesto que no existe conocimiento de los aspectos normativos sociales sobre la conducta social, ni sobre las relaciones existentes entre ambos. Esto dificulta el análisis de contextos, al no contar con un criterio para considerar como hábil o inhábil la conducta de una persona. En este sentido, la escala en sus incisos *a)* y *b)* trata de explorar el contexto en el cual presentan cada una de las habilidades.

Al quedar como preguntas abiertas, las respuestas que se den, para cada una de las habilidades, dependerán de la persona(s), ante la(s) que se dé la interacción y del lugar donde se dé, y en los momentos diferentes en que se aplique la escala. En este sentido, la escala ha mostrado su sensibilidad para evaluar las habilidades sociales en los adolescentes de ambos sexos, en diferentes niveles académicos y situaciones; queda la posibilidad de evaluar el contexto, si se busca la mejor manera de motivar a los jóvenes sobre la importancia de contestar con veracidad los incisos *a)* y *b)*, referidos a la persona y a la situación; además de servir de referencia para entrenar las habilidades en las situaciones donde los jóvenes presenten mayor dificultad. Finalmente, debemos advertir al usuario que, lo que evalúa la escala, debe tomarse sólo como una muestra de lo que probablemente hagan los jóvenes en situaciones de la vida cotidiana.

Bibliografía

Achenbach, T. M. y Edelbrock, C. S. (1978). "The Classification of Child Psychopathology: A Review and Analysis of Empirical Efforts". *Psychological Bulletin*, 85, 1275-1301.

Alberti, R. E. y Emmons, M. L. (1970). "Your perfect rigth. San Luis Obispo. CA: Impact". En: V. E. Caballo (ed.). *Teoría, evaluación y entrenamiento de las habilidades sociales*. Valencia: Promolibro.

Argyle, M. y Kendom, A. (1967). *The experimental Analysis of Social Performance*. Vol. III. Nueva York: Academic Press.

Argyle, M. (1969). *Social Interaction*. London: Methuen.

Bandura, A., Ross, D. y Ross, S. A. (1961). "Transmission of Agression through Imitation of Aggressive Models". *Journal of Abnormal Social Psychology*, 63; 575-583.

Bandura, A. (1965). "Influence of Model's Reinforcement Contingencies on the Acquisition of Imitative Responses". *Journal of Personality and Social Psychology*, 589-595.

Bandura, A.; Ross, D. y Ross, S. A. (1963). "Imitation of Film Mediated Aggresive Models". *Journal of Abnormal and Social Psychology*, 66, 3-11.

Bandura, A. (1969). *Principles of Behavior Modification*. Nueva York: Holt, Rinehart and Winston.

Bandura, A. y Walters, R. H.(1974). *Aprendizaje social y desarrollo de la personalidad*. Madrid: Alianza.

Bandura, A. (1971). "Vicarious and Self-reinforcement Processes". En: R. Glaser (ed.). *The nature of reinforcement*. Nueva York: Academic Press.

Bandura, A. (1971). *Social Learning Theory*. Nueva York: General Learning Press.

Bandura, A. (1974). "Behavioral Theory and Models of Man". *American Psychologist*, 29: 859-869.

Bandura, A. (1976). "Reinforcement: Theoretical and Methodological Considerations". *Behaviorism*, 4, 135-155.

Bandura, A. (1977). "Self-efficacy: Toward an Unifying Theory of Behavioral Change". *Psychological Review*, 84, 191-225.

Bandura, A. (1978). "On Paradigms and Recycle Ideologies Cognitive Therapy an Research", I, 79-103.

Bellack, A. S. (1979b). "A Critical Appraisal of Strategies for Assessing Social Skill". *Behavioral Assessment*, I, 157-176.

Bellack, A. S., y Morrison, R. L. (1982). "Interpersonal Disfunction". En: A. S. Bellack, M. Hersen y A. E. Kazdin (eds.). *International Handbook of Behavior Modification and Therapy*. Nueva York: Gulford Press.

Brady, R.C.(1970). "Effect of Success and Failure on Impulsivity an Distractibility of Three Types of Educationaly Handicapped Children". Unpublished doctoral dissertation. University of Southern California. En: A. P. Goldstein (ed.), *Psychological Skill Training*. Nueva York: Pergamon Press.

Caballo, V. (1987). *Teoría, evaluación y entrenamiento de las habilidades sociales*. Valencia: Promolibro.

Cone, J. D. (1978). "The Behavioral Assessment Grid (BAG): A Conceptual Framework and a Taxonomy". *Behavior Therapy*, 9, 882-888.

Cone, J. D. (1976). "The Behavioral Assessment Grid (BAG): A Conceptual Framework and a Taxonomy". Ponencia presentada en la Reunión de la Asociación para el Avance de la Terapia de la Conducta, Nueva York.

Cronbach, L. J. (1970). *Essentials of Psychological Testing*. Nueva York: Harper and Row, 3º edición.

Curran, J. P.(1982). "A Procedure for the Assessment of Social Skill: the Simulated Social Interacction Test". En: J. P. Curran y P. M. Monti (eds.). *Social Skill Training, A Practical Handbook for Assessment and Treatment*". Nueva York: Guilford Press.

Curran, J. P., Farrell, A. D. y Grunberger, A. J. (1984). "Social Skills, Training: A Critic and a Reaproachement". En: P. Trower (ed.), *Radical Approaches to Social Skills Training*. London: Croom Helm.

Curran, J. P. y Wessberg, H. W. (1981). "Assessment of Social Inadequacy". En: D. H. Barlow (ed.). *Behavioral Assessment of Adult Disorders*. Nueva York: Guilford Press.

Dollard, J. y Miller, N. E. (1941). *Personality and Psychotherapy*. Nueva York: McGraw-Hill.

Fernández, B. R. y Carrobles, J. A. (1989). *Evaluación conductual. Metodología y aplicaciones*. Madrid: Pirámide.

Galassi, J. P., DeLo, J. S. Galassi, M. D. y Bastien, S. (1974). "The Self-Expression Scale: A Desire of Assertiveness". *Behavior Therapy*, 5, 165-171.

Gambrill, E. D. y Richey, C. A. (1975). "An Assertion Inventory for use in Assessment and Research". *Behavior Therapy* 6, 550-561.

Gay, M. L., Hollandsworth, J. G. Jr. y Galassi, J. P. (1975). "An Assertive Inventory for Adults". *Journal of Counseling Psychology*, 22, 340-344.

Goldstein, A. P., Sprafkin, R. P. y Hershaw, N.J. (1979). *Skill Training for community living*. Nueva York: Pergamon Press.

Goldstein, A. P. (1981). *Psychological Skills Training*. Nueva York: Pergamon Press.

Hersen, M., Eisler, R. M. y Miller, P. M. (1974). "An Experimental Analysis of Generalization in Assertive training". *Behavior Research and Therapy*, 12, 295-310

Kanfer, F. y Phillips, J. C. (1980). *Principios de aprendizaje en la terapia del comportamiento*. México: Trillas.

Kazdin, E. A. (1983). *Historia de la modificación de conducta*. Madrid: Desclée de Brouwer.

Kelly, J. A. (1982). "A Review and Reformulation of the Concept of Social Skills". *Behavioral Assessment*, 4, pp 1-33.

Livingston, S. A. (1977). "Psychometric Techniques for Criterion Referenced Tests and Behavioral Assessment". En: J. A. Cone y R. P. Hawkins (eds.). *Behavioral Assessment*. Nueva York: Pergamon Press.

Leary, M. R. (1983b). "Social Anxiousness. The Construct and its Measurement". *Journal of Personality Assessment*, 47, 66-75.

Lowe, M. R. y Cautela, J.R. (1978). "A Self-report Measure of Social Skill". *Behavior Therapy*, 9, 535-544.

Meichenbaum A., Butler, L. y Gruson, L. (1981). "Toward a Conceptual Model of Social Competence". En: J. Wine y M. Smye (eds.). *Social Competence*. Nueva York: Guilford Press.

Meichenbaum, D. H., Butler, L. y Gruson, L. (1981). "Toward a Conceptual Model of Social Competence". En: J. Wine y M. Smye (eds.). *Social Competence*. Nueva York: Guilford Press.

Meichenbawm, D. H. (1977). *Cognitive behavior modification*. Nueva York: Plenum.

McFall, R. M. y Twentyman, C. T. (1973). "Four Experiments on the Relative Contributions of Rehearsal. Modeling and Coaching to Assertion Training". *Journal of Abnormal Psychology*, 81, pp. 119-218.

McFall, R. M. (1982). "A Review and Reformulation of the Concept of Social Skills". *Behavioral Assessment*, 4, pp. 1-33.

Mowrer, O. H. (1950). *Learning Theory and Personality Dynamics: Selected papers*. Nueva York: Ronald.

Pentz, M. A. W. (1980). "Assertion Training and Trainer Effects on Unassertive and Agressive Adolescents". *Journal of Counselling Psychology*, 27, 76-83.

Rathus, S. A. (1973b). "A 30-item Schedule for Assessing Assertiveness". *Behavior Therapy*, 4, 398-406.

Rimm, D. C. y Masters, J. C. (1980). *Terapia de la conducta: técnicas y hallazgos empíricos*. México: Trillas.

Rosen, G. (1963). "Social Atittudes to Irrationality and Madness". *Medicine and Medicine Allied Sciences*, 18, 220-240.

Roth, E. (1986). *Competencia Social: el cambio del comportamiento individual en la comunidad*. México: Trillas.

Rotter, J. B. (1954). *Social Learning and Clinical Psychology*. Nueva Jersey: Prentice-Hall.

Salter. A. (1949). *Conditioned Reflex Therapy*. Nueva York: Creative Age Press.

Schoreder, H. E. y Rakos, R. F. (1983). "The Identification and Assessment of Social Skills". En: R. Ellis y D. Wittington (eds.). *New Directions in Social Skill Training*. Londres: Croom Helm.

Thorndike, R. L. y Hagen (1978). *Test y técnicas de medición en psicología y educación*. México: Trillas.

Trower, P., Bryant, B. y Argyle, M. (1978). *Social Skills and Mental Health*. Londres: Methuen. University of Pittsburgh Press.

Trower, P. (1982). "Toward a Generative Model of Social Skills: a Critique and Synthesis". En: J. P. Curran y P. M. Monti (eds.). *Social Skills Training. A Practical Handbook for Assessment and Treatment.* Nueva York: Guilford Press.

Watson, D. y Friend, R. (1969). "Measurement of Social Evaluataive Anxiety". *Journal of Consulting and Clinical Psychology*, 33, 448-457.

Watson, J. B. (1920). *Behaviorism.* Nueva York: Northon.

Wine, J. D., Moses, B. y Smye, M. D. (1980). "Female Superiority in Sex Difference Competence Comparisons: A Review of the literature". En: C. Strark Adamec (ed.). *Sex Roles: Origins, Influences and Implications for women.*

Wolpe, J. (1958). *Psychoterapy by reciprocal inhibition.* Palo Alto, C. A. Stanford University Press.

Wolpe, J. (1969). *The practice of behavior therapy.* Nueva York: Pergamon Press.

Wolpe, J. y Lazarus, A. A. (1966). *Behavior therapy techniques: A guide to the treatment of neurosis.* Nueva York: Pergamon Press.

Twentyman, C. T., Greenwald, D. P., Greenwald, M. A., Kloss, J. D., Kovaleski, M. E. y Zibung-Hoffman, P. (1982). "An Assessment of Social Skills Deficit in Alcoholics". *Behavioral Assessment,* 4, pp. 317-326.

Apéndice

Existen varias habilidades que la gente necesita realizar casi a diario para relacionarse con otras personas sintiéndose bien consigo misma. Nos gustaría conocer en cuáles habilidades sientes que eres exitoso y en cuáles sientes que no lo eres.

Intenta valorar cada una de tus habilidades lo más objetivamente posible, procura no dejar de contestar ninguna de las que aquí se describen, si no entiendes alguna palabra o no estás seguro de lo que la habilidad significa, por favor pregunta a la persona que te haya dado la escala. No hay respuestas correctas o incorrectas, sólo estamos interesados en conocer tus sentimientos acerca de tus habilidades. Gracias por tu cooperación.

Después de cada habilidad encontrarás dos preguntas (incisos *a* y *b*) que tratan de explorar ante qué persona o personas presentas o no la habilidad (inciso *a*) y en qué contexto ocurre, familiar, escolar, laboral, etcétera; (inciso *b*). Contesta por favor en el espacio destinado a cada uno de ellos.

A continuación encontrarás una lista de habilidades. Lee cuidadosamente cada una de ellas y marca con una (x), el número que mejor describa qué tan exitosamente estás usando cada una de las habilidades que se te muestran, contesta en la hoja de respuestas y evita hacerlo en esta escala. Marca tus respuestas de acuerdo con el siguiente código:

Pon el número 1 si NUNCA eres bueno en ella.
Pon el número 2 si RARAS VECES eres bueno en ella.
Pon el número 3 si ALGUNAS VECES eres bueno en ella.
Pon el número 4 si FRECUENTEMENTE eres bueno en ella.
Pon el número 5 si SIEMPRE eres bueno en ella.

1. ¿Pones atención cuando alguien te está hablando, haces un esfuerzo por entender lo que se te está diciendo?

    a. ¿Ante quién o con quién lo haces?   b. ¿Dónde lo haces?

2. ¿Inicias una conversación hablando a otras personas desconocidas o conocidas sin sentirte incómodo o ansioso?

    a. ¿Ante quién o con quién lo haces?   b. ¿Dónde lo haces?

3. ¿Hablas a otros acerca de temas variados de tal manera que los mantienes interesados?

   a. ¿Ante quién o con quién lo haces?   b. ¿Dónde lo haces?

4. Cuando necesitas obtener información sobre algún aspecto particular ¿sabes qué preguntar y te diriges a la persona indicada?

   a. ¿Ante quién o con quién lo haces?   b. ¿Dónde lo haces?

5. ¿Agradeces a otros cuando te hacen favores?

   a. ¿Ante quién o con quién lo haces?   b. ¿Dónde lo haces?

6. Cuando llegas a una reunión donde te encuentras con personas que no conoces ¿te presentas a ellas por iniciativa propia para familiarizarte con ellas?

   a. ¿Ante quién o con quién lo haces?   b. ¿Dónde lo haces?

7. Cuando llegas acompañado de amigos a un lugar donde hay personas que sólo a ti te conocen, ¿se los presentas?

   a. ¿Ante quién o con quién lo haces?   b. ¿Dónde lo haces?

8. ¿Dices a otros que te gustan algunas cosas de lo que hacen reconociéndoles sus cualidades?

   a. ¿Ante quién o con quién lo haces?   b. ¿Dónde lo haces?

9. ¿Pides ayuda cuando sientes que estás en dificultades o problemas?

   a. ¿Ante quién o con quién lo haces?   b. ¿Dónde lo haces?

10. En trabajos de equipo ¿decides la mejor forma de tomar parte en una actividad de grupo?

    a. ¿Ante quién o con quién lo haces?   b. ¿Dónde lo haces?

11. ¿Explicas con claridad a otros cómo hacer una tarea específica de tal forma que logres hacerte entender?

    a. ¿Ante quién o con quién lo haces?   b. ¿Dónde lo haces?

12. ¿Pones atención a las instrucciones que te dan otras personas, y las llevas a cabo adecuadamente?

    a. ¿Ante quién o con quién lo haces?   b. ¿Dónde lo haces?

13. ¿Pides disculpas a otros después de que te das cuenta de que los has ofendido?

    a. ¿Ante quién o con quién lo haces?   b. ¿Dónde lo haces?

14. Cuando consideras que tú tienes la razón ¿intentas convencer a otros de que tus ideas son las mejores?

    a. ¿Ante quién o con quién lo haces?   b. ¿Dónde lo haces?

15. ¿Identificas tus sentimientos y conoces tus emociones en determinado momento?

    a. ¿Ante quién o con quién lo haces?   b. ¿Dónde lo haces?

16. ¿Permites que otras personas conozcan tus emociones y sentimientos haciéndoselos saber?

    a. ¿Ante quién o con quién lo haces?   b. ¿Dónde lo haces?

17. ¿Tratas de entender las emociones de otras personas respetando lo que están sintiendo?

    a. ¿Ante quién o con quién lo haces?   b. ¿Dónde lo haces?

18. ¿Expresas a otras personas tus sentimientos hacia ellos?

    a. ¿Ante quién o con quién lo haces?   b. ¿Dónde lo haces?

19. Cuando estás atemorizado ¿tratas de controlar tu miedo?

    a. ¿Ante quién o con quién lo haces?   b. ¿Dónde lo haces?

20. ¿Dices cosas amables para ti mismo cuando consideras que debes ser halagado?

    a. ¿Ante quién o con quién lo haces?   b. ¿Dónde lo haces?

21. Cuando necesitas pedir algún permiso ¿logras obtenerlo?

    a. ¿Ante quién o con quién lo haces?   b. ¿Dónde lo haces?

22. Cuando requieres algún permiso ¿lo pides directamente a la persona indicada?

    a. ¿Ante quién o con quién lo haces?   b. ¿Dónde lo haces?

23. ¿Ofreces participar con otros cuando sabes que pueden apreciarlo?

    a. ¿Ante quién o con quién lo haces?   b. ¿Dónde lo haces?

24. ¿Ayudas a otros cuando te lo piden?

    a. ¿Ante quién o con quién lo haces?   b. ¿Dónde lo haces?

25. Cuando otros tienen una posición contraria a la tuya, ¿negocias con ellos para intentar llegar a un acuerdo que satisfaga a ambos?

    a. ¿Ante quién o con quién lo haces?   b. ¿Dónde lo haces?

26. ¿Controlas tu carácter si consideras que las cosas no pueden ser de otra manera?

    a. ¿Ante quién o con quién lo haces?   b. ¿Dónde lo haces?

27. ¿Te defiendes haciendo conocer a otras personas cuáles son tus derechos?

    a. ¿Ante quién o con quién lo haces?   b. ¿Dónde lo haces?

28. Cuando otros se burlan de ti ¿puedes mantener el control de ti mismo?

    a. ¿Ante quién o con quién lo haces?   b. ¿Dónde lo haces?

29. ¿Evitas involucrarte en situaciones que puedan ocasionarte un problema?

    a. ¿Ante quién o con quién lo haces?   b. ¿Dónde lo haces?

30. ¿Te mantienes fuera de peleas?

    a. ¿Ante quién o con quién lo haces?   b. ¿Dónde lo haces?

31. ¿Dices a otras personas cuando son responsables de causarte un problema particular?

    a. ¿Ante quién o con quién lo haces?   b. ¿Dónde lo haces?

32. ¿Tratas de llegar a una solución favorable cuando alguien se queja de ti justificadamente?

    a. ¿Ante quién o con quién lo haces?   b. ¿Dónde lo haces?

33. En una situación de juego deportivo, ¿expresas una opinión favorable haciendo cumplidos honestos de cómo jugaron?

    a. ¿Ante quién o con quién lo haces?   b. ¿Dónde lo haces?

34. En situaciones en las que te sientes avergonzado ¿piensas o haces cosas que te ayuden a reducir tu vergüenza?

    a. ¿Ante quién o con quién lo haces? b. ¿Dónde lo haces?

35. Si en una actividad particular donde deseabas participar no te toca ser elegido ¿haces o piensas cosas para sentirte bien ante dicha situación?

    a. ¿Ante quién o con quién lo haces? b. ¿Dónde lo haces?

36. ¿Haces saber a otros cuando uno de tus amigos no ha sido tratado justamente (lo defiendes)?

    a. ¿Ante quién o con quién lo haces? b. ¿Dónde lo haces?

37. Cuando tratan de convencerte de algo, ¿analizas cuidadosamente la situación explorando lo que tú verdaderamente deseas antes de decidir qué hacer?

    a. ¿Ante quién o con quién lo haces? b. ¿Dónde lo haces?

38. Cuando te encuentras en una situación particular de fracaso ¿razonas acerca de lo que puedes hacer para ser más exitoso en el futuro?

    a. ¿Ante quién o con quién lo haces? b. ¿Dónde lo haces?

39. Cuando alguien te dice algo que no es muy claro, ¿dices o haces cosas que indican lo que te quieren decir para comprobar que les has entendido?

    a. ¿Ante quién o con quién lo haces? b. ¿Dónde lo haces?

40. Cuando te das cuenta de que has sido acusado por alguien ¿decides la mejor manera de actuar ante la persona que hizo la acusación?

    a. ¿Ante quién o con quién lo haces? b. ¿Dónde lo haces?

41. ¿Expresas tu punto de vista ante una conversación interesante?

    a. ¿Ante quién o con quién lo haces? b. ¿Dónde lo haces?

42. Cuando sientes la presión de otros para hacer alguna cosa, ¿decides lo que tú deseas hacer?

    a. ¿Ante quién o con quién lo haces? b. ¿Dónde lo haces?

43. ¿Actúas con entusiasmo cuando realizas una actividad interesante?

   a. ¿Ante quién o con quién lo haces?   b. ¿Dónde lo haces?

44. ¿Te das cuenta cuando un problema fue generado por alguna causa que estuvo fuera de tu control?

   a. ¿Ante quién o con quién lo haces?   b. ¿Dónde lo haces?

45. ¿Decides realistamente lo que puedes hacer antes de iniciar una tarea?

   a. ¿Ante quién o con quién lo haces?   b. ¿Dónde lo haces?

46. ¿Conoces realistamente tus capacidades para llevar a cabo una tarea en particular?

   a. ¿Ante quién o con quién lo haces?   b. ¿Dónde lo haces?

47. Cuando necesitas saber algo, ¿sabes cómo y dónde obtener la información?

   a. ¿Ante quién o con quién lo haces?   b. ¿Dónde lo haces?

48. Ante una serie de tareas ¿decides realistamente cuál de ellas es más importante para resolverla en primer lugar?

   a. ¿Ante quién o con quién lo haces?   b. ¿Dónde lo haces?

49. Antes de tomar una decisión ¿consideras las diferentes posibilidades en términos de ventajas y desventajas, para elegir la mejor?

   a. ¿Ante quién o con quién lo haces?   b. ¿Dónde lo haces?

50. Al desempeñar alguna actividad ¿previamente planeas la forma de lograrla?

   a. ¿Ante quién o con quién lo haces?   b. ¿Dónde lo haces?

Hoja de respuestas de la escala de H.S.ADO.

Edad: Sexo: (M) (F)   Grado: Grupo:

Trabajas y estudias: (Sí) (No)   Sólo trabajas: (Sí) (No)

Sólo estudias: (Sí) (No)   Ni trabajas ni estudias: ( )

Instrucciones: De las alternativas que se te dan, escoge la que más se acerque a tu manera de actuar en cada situación, marcando con una x el número que corresponda bajo el siguiente código:

Marca el número 1 si NUNCA eres bueno en ella
Marca el número 2 si RARAS VECES eres bueno en ella
Marca el número 3 si ALGUNAS VECES eres bueno en ella
Marca el número 4 si FRECUENTEMENTE eres bueno en ella
Marca el número 5 si SIEMPRE eres bueno en ella

1. (1) (2) (3) (4) (5)   A) _____   B) _____
2. (1) (2) (3) (4) (5)   A) _____   B) _____
3. (1) (2) (3) (4) (5)   A) _____   B) _____
4. (1) (2) (3) (4) (5)   A) _____   B) _____
5. (1) (2) (3) (4) (5)   A) _____   B) _____
6. (1) (2) (3) (4) (5)   A) _____   B) _____
7. (1) (2) (3) (4) (5)   A) _____   B) _____
8. (1) (2) (3) (4) (5)   A) _____   B) _____
9. (1) (2) (3) (4) (5)   A) _____   B) _____
10. (1) (2) (3) (4) (5)   A) _____   B) _____
11. (1) (2) (3) (4) (5)   A) _____   B) _____
12. (1) (2) (3) (4) (5)   A) _____   B) _____
13. (1) (2) (3) (4) (5)   A) _____   B) _____
14. (1) (2) (3) (4) (5)   A) _____   B) _____
15. (1) (2) (3) (4) (5)   A) _____   B) _____
16. (1) (2) (3) (4) (5)   A) _____   B) _____
17. (1) (2) (3) (4) (5)   A) _____   B) _____
18. (1) (2) (3) (4) (5)   A) _____   B) _____
19. (1) (2) (3) (4) (5)   A) _____   B) _____
20. (1) (2) (3) (4) (5)   A) _____   B) _____
21. (1) (2) (3) (4) (5)   A) _____   B) _____
22. (1) (2) (3) (4) (5)   A) _____   B) _____

23. (1) (2) (3) (4) (5)   A) _____   B) _____
24. (1) (2) (3) (4) (5)   A) _____   B) _____
25. (1) (2) (3) (4) (5)   A) _____   B) _____
26. (1) (2) (3) (4) (5)   A) _____   B) _____
27. (1) (2) (3) (4) (5)   A) _____   B) _____
28. (1) (2) (3) (4) (5)   A) _____   B) _____
29. (1) (2) (3) (4) (5)   A) _____   B) _____
30. (1) (2) (3) (4) (5)   A) _____   B) _____
31. (1) (2) (3) (4) (5)   A) _____   B) _____
32. (1) (2) (3) (4) (5)   A) _____   B) _____
33. (1) (2) (3) (4) (5)   A) _____   B) _____
34. (1) (2) (3) (4) (5)   A) _____   B) _____
35. (1) (2) (3) (4) (5)   A) _____   B) _____
36. (1) (2) (3) (4) (5)   A) _____   B) _____
37. (1) (2) (3) (4) (5)   A) _____   B) _____
38. (1) (2) (3) (4) (5)   A) _____   B) _____
39. (1) (2) (3) (4) (5)   A) _____   B) _____
40. (1) (2) (3) (4) (5)   A) _____   B) _____
41. (1) (2) (3) (4) (5)   A) _____   B) _____
42. (1) (2) (3) (4) (5)   A) _____   B) _____
43. (1) (2) (3) (4) (5)   A) _____   B) _____
44. (1) (2) (3) (4) (5)   A) _____   B) _____
45. (1) (2) (3) (4) (5)   A) _____   B) _____
46. (1) (2) (3) (4) (5)   A) _____   B) _____
47. (1) (2) (3) (4) (5)   A) _____   B) _____
48. (1) (2) (3) (4) (5)   A) _____   B) _____
49. (1) (2) (3) (4) (5)   A) _____   B) _____
50. (1) (2) (3) (4) (5)   A) _____   B) _____

Gracias por tu colaboración

Fecha: _____

4

Evaluación psicológica en la prevención del VIH/SIDA

Susana Robles Montijo
Diana Moreno Rodríguez,
UNAM, FES-*Iztacala*

A partir de los avances en el desarrollo del conocimiento de las ciencias fundamentales y clínicas, el Programa Nacional de Prevención y Lucha contra el Sida (ONUSIDA) propuesto por la Organización Mundial de la Salud (OMS, 1988) para todos los países que la integran, determinó en gran medida hacia dónde debía dirigirse la investigación en este campo. Se presentaron los principios rectores para la vigilancia de este programa (OMS, 1990a), en el que la definición de los propósitos para lograr la promoción de la salud contra el Sida debía centrarse en la consecución, a mediano plazo, de las siguientes metas: 1) prevenir la infección por el VIH; 2) reducir el impacto personal y social de la infección por el VIH y 3) reducir el temor y el estigma relacionados con la infección por el VIH (OMS, 1990b).

La evaluación inicial de este programa contempló, entre otros aspectos, información sobre "*a)* la epidemiología local de la infección por el VIH y del Sida; *b)* los conocimientos, actitudes, creencias y prácticas del público en general sobre el Sida; *c)* los conocimientos, actitudes, creencias y prácticas relacionados con la propagación de la infección por el VIH en determinados grupos destinatarios incluidos en el plan nacional de prevención y control del Sida" (OMS, 1990b, p. 8).

Más adelante el programa señala lo que en este contexto se entiende por conocimientos, actitudes y creencias: "los conocimientos se pueden definir como la cantidad de información que tiene una persona sobre un tema; una actitud es la disposición de la persona a comportarse de cierta forma respecto de la gente y de determinadas prácticas; una creencia es la convicción que tiene una persona sobre un tema" (OMS, 1990b, p. 9).

Estos lineamientos, de alguna manera, promovieron en diferentes países el desarrollo de investigaciones orientadas hacia la investigación epidemiológica, así como la identificación y evaluación de los factores asociados con los conocimientos, actitudes y prácticas de riesgo de los diferentes grupos afectados por el VIH/Sida. De acuerdo con los datos presentados por Magis, Ruiz, Bravo, Ortiz, Silva y Uribe (1998), entre 1984 y 1996 se realizaron 1 892 trabajos sobre el VIH/Sida, de los cuales, 40.6% son estudios biomédicos, 31.9% del área social y del comportamiento, 22.6% son estudios epidemiológicos y sólo 4.9% son operacionales, es decir, de evaluación o intervención. Esto indica, en algún sentido, la baja proporción de estudios que se han dirigido hacia la evaluación de distintos aspectos relacionados con la prevención del VIH/Sida.

Con la finalidad de proporcionar un panorama general sobre la evaluación en el campo del VIH/Sida, el trabajo que presentamos se organiza en tres partes. En la primera de ellas describimos los modelos psicológicos utilizados con mayor frecuencia en el campo de la evaluación del VIH/Sida, y analizamos las características más importantes que los definen. Asimismo, mencionamos, en forma resumida, algunos estudios que han demostrado la efectividad de dichos modelos en la predicción de la conducta de riesgo, y otros más que señalan algunas limitaciones para lograr el cambio de conductas de riesgo a conductas saludables.

En la segunda parte presentamos estudios que, si bien no están diseñados para valuar la efectividad de algún modelo de salud, se orientan hacia la evaluación de conocimientos, actitudes y/o prácticas sexuales. La idea central de esta segunda parte del trabajo es proporcionar información sobre los aspectos específicos que se han considerado en la evaluación de dichas variables, señalamos particularmente estudios realizados con poblaciones de estudiantes y adultos jóvenes.

En la tercera y última parte de este trabajo incluimos un instrumento de evaluación de prácticas sexuales que se diseñó a partir de un modelo de prevención de enfermedad propuesto por Bayés y Ribes (1989), dirigido particularmente hacia la prevención del VIH/Sida.

Estudios relacionados con modelos conductuales que explican la conducta de riesgo

Una de las preocupaciones centrales de los distintos modelos de la salud que se han desarrollado a lo largo de muchos años ha sido la identificación y entendimiento de los determinantes de las conductas saludables y el impacto del comportamiento de los individuos sobre la salud. Algunos modelos que se han desarrollado para explicar la adopción de conductas que protegen la salud reflejan la convergencia de dos teorías del aprendizaje: la teoría de "estímulo-respuesta" y la "teoría cognitiva" (Rosenstock, Strecher y Becker, 1988).

La primera establece que la frecuencia de una conducta está determinada por sus consecuencias (Skinner, 1938); no se requiere de ningún concepto mentalista (razonar, pensar) para explicar el comportamiento. La segunda, representada por la teoría del aprendizaje social (Bandura, 1977), incorpora un componente cognitivo al paradigma skinneriano y da especial importancia a variables de naturaleza social relevantes en el estudio de la cognición y el comportamiento (Bandura, 1986). Desde la perspectiva de esta teoría, se considera que el comportamiento está determinado por las expectativas que se formula un individuo acerca de que su comportamiento le permitirá alcanzar un resultado específico. El modelo más utilizado para promover comportamientos saludables ha sido el de Creencias de Salud (Becker, 1974).

De acuerdo con lo que señala Rosenstock (1974), la teoría y desarrollo del Modelo de Creencias de Salud creció simultáneamente con la necesidad de solucionar los problemas prácticos que eran el principal motivo de preocupación de los servicios de salud pública; por ejemplo, cómo lograr que la gente aceptara someterse a pruebas para detectar cáncer cervical, prevenir enfermedades dentales, fiebre reumática, poliomielitis e influenza, entre otras enfermedades. Esto, según Rosenstock, influyó en el tipo de teoría que tenía que desarrollarse para explicar la conducta saludable preventiva, y es en este contexto que empiezan a realizarse investigaciones sobre la efectividad de este modelo.

Rosenstock, Strecher y Becker (1988) analizaron las diferencias y semejanzas que hay entre la teoría del aprendizaje social y el modelo de creencias de salud, y concluyeron que ambos tienen muchos elementos en común y que lo que tendría que hacer el modelo de creencias de salud sería incorporar a la autoeficacia —concepto propuesto por Bandura (1977)— como una variable explicativa que puede ser manipulada para obtener resultados positivos en el comportamiento saludable.

La investigación sobre la efectividad del modelo de creencias de salud para poder explicar, predecir e influir en el comportamiento relacionado con la salud, propició el surgimiento de nuevos modelos que, en sentido estricto, son derivaciones del modelo de creencias de salud, pues contemplan las variables definidas por este último pero incorporan nuevos elementos.

Según el modelo de creencias de salud el comportamiento preventivo es función de la preocupación general que tiene la persona por la salud, el riesgo percibido de adquirir la enfermedad (susceptibilidad percibida), la seriedad percibida de la enfermedad (severidad percibida), beneficios y barreras percibidos por realizar la conducta preventiva, señales que focalizan la atención de la persona para la acción y, finalmente, la autoeficacia (Páez, Ubillos, Pizarro y León, 1994).

En pocas palabras, para que ocurra un cambio en una persona en riesgo, debe sentirse amenazada por sus patrones de comportamiento actuales y creer que un cambio de cierta clase será beneficioso y lo llevará a un resultado positivo y a un costo aceptable, pero también debe sentirse competente para llevar a cabo el cambio.

En el caso de la teoría de la acción razonada (Fishbein y Ajzen, 1975), se plantea que el comportamiento de una persona está en función de sus intenciones de realizar el comportamiento en cuestión; las intenciones, a su vez, son una función de la actitud que tiene la persona para realizar el acto en cuestión y de sus normas subjetivas (percepción de lo que sus personas significativas piensan acerca de lo que debe hacer en relación con el comportamiento del que se trata).

Weinstein (1993) compara cuatro modelos de salud que, desde su punto de vista, han sido los que más investigación han generado. Este autor analiza las variables que tienen en común los modelos de creencias de salud, la teoría de la acción razonada, la teoría de la motivación para la protección y la teoría de la utilidad subjetiva esperada, y señala que lo importante no es decidir cuál teoría es la mejor, sino tener los elementos para decidir qué variables y procesos en estas teorías permiten tener un mejor entendimiento del comportamiento relacionado con la protección de la salud. De hecho, señala que de 205 artículos publicados entre 1974 y 1991 que mencionan a alguno de estos modelos, sólo cuatro de ellos son investigaciones empíricas que comparan la efectividad de las variables contempladas en distintos modelos.

En general lo que se ha hecho –y se hace actualmente–, es utilizar un solo modelo para investigar su utilidad en la prevención de distintos problemas de salud. Veamos algunos ejemplos. Cassidy (1997) hace un análisis que permite ver la utilidad del modelo de etapas de cambio o transteórico (llamado así por considerar varias teorías de cambio conductual) para los profesionales de la salud. En términos generales este modelo describe cinco etapas por las que el individuo pasa para cambiar a comportamientos preventivos: 1) precontemplación (no intenta cambiar su comportamiento en un tiempo próximo determinado), 2) contemplación (tiene la intención de cambiar su comportamiento), 3) preparación (planifica seriamente cómo hacer el cambio, 4) acción (el individuo ha modificado su conducta y alcanzado el criterio de tiempo preestablecido) y 5) mantenimiento (sigue el cambio manteniendo su conducta por un periodo mayor al preestablecido).

Para diseñar intervenciones eficaces con este modelo, se requiere que se identifique bien la etapa en la que se encuentra la persona y determinar con claridad la etapa que se pretende afectar. Cassidy señala que utilizando este modelo, los profesionales encargados de la salud pueden diseñar intervenciones específicas para identificar la etapa actual en la que se encuentre la persona en cuestión, con el propósito de acelerar el progreso de esta persona hacia la adopción y mantenimiento de la conducta deseada. Sin embargo, Weinstein, Rothman y Sutton (1998), al examinar con detalle este modelo y al considerar ejemplos de investigaciones empíricas, cuestionan su efectividad respecto a la forma en la que puede hacerse la evaluación de cada etapa.

Fitzgerald (1991) analiza la efectividad del modelo de autoeficacia –analizado con detalle por Schwarzer y Fuchs (1995)–, como un marco teórico que permite abordar el cambio conductual. En general, la autoeficacia hace referencia a las creencias que tiene una persona acerca de sus capacidades para llevar a cabo una acción específica que es necesaria para lograr un resultado deseado. Fitzgerald (1991) hace una revisión de diversos estudios que utilizan el modelo de autoeficacia para cambiar conductas de tabaquismo, control de peso, ejercicio y rehabilitación cardiaca, entre otros, y concluye que este modelo predice la modificación y mantenimiento de comportamientos preventivos.

Lee (1993) señala que la mayor parte de las investigaciones basadas en una teoría han utilizado el modelo de creencias de salud, pero que éste ha tenido éxito limitado en la explicación de las conductas relacionadas con la salud, por lo que propone la operacionalización de la teoría de la conducta planeada, que es una expansión de la teoría de la acción razonada, agregándole el constructo de "control conductual percibido". Este autor afirma que la teoría de la conducta planeada tiene un mayor poder explicativo que el de la teoría de la acción razonada respecto a las conductas dirigidas hacia una meta. Diseña un instrumento que evalúa los componentes de la conducta planeada y usa como ejemplo el problema conductual de dejar de fumar en fumadores militares. Según Lee, este modelo de la conducta planeada funciona para entender y predecir el comportamiento relacionado con la salud siempre y cuando se operacionalice cuidadosamente.

A manera de resumen, podríamos señalar que se han desarrollado distintos modelos teóricos que intentan explicar, predecir e influir en comportamientos relacionados con la salud y que en distintos trabajos se ha señalado la utilidad de cada uno de estos modelos. Y podríamos llegar a la conclusión —como lo hace Salazar (1991), quien hace una revisión de distintos trabajos que han utilizado como marco de referencia a los modelos de Creencias de Salud, la Teoría de la Autoeficacia, la Teoría de la Acción Razonada y el Modelo de Utilidad de Múltiples Atributos—, de que independientemente del modelo específico empleado, los modelos conductuales proporcionan un marco de referencia útil para el desarrollo de intervenciones y estrategias que facilitan el cambio conductual. La pregunta que aquí surge es ¿qué tanto estos modelos han generado investigaciones de intervención directa con resultados positivos?

La investigación aplicada nos debiera dar información acerca de las estrategias específicas que pueden ser efectivas para lograr que los individuos cambien sus comportamientos de riesgo a comportamientos preventivos, y con base en esta información, generar y diseñar programas de intervención para prevenir distintos problemas de salud.

Sin embargo, son pocos los estudios que se orientan hacia la prevención; la mayoría de los que se revisaron para realizar este escrito, se dirigen hacia la evaluación de las variables que el modelo teórico establece como determinantes del comportamiento relacionado con la salud. Como ejemplo de esto último podemos ubicar diversos trabajos que han estimado la efectividad de distintos modelos de salud en la identificación de predictores de riesgo en conductas relacionadas con el contagio del VIH/Sida (Abraham, Sheeran y Orbell, 1998; Basen-Engquist, 1992; Mahoney, Thombs y Ford, 1995; Yep, 1993; Zimmerman y Olson, 1994). Otros más hacen revisiones de investigaciones empíricas vinculadas a problemas de asma infantil (Bruhn, 1983), prevención secundaria del cáncer (Lauver, 1992), promoción de la salud en escuelas (Parcel, 1984); impacto de los modelos en el diseño de los currícula educativos sobre el Sida (Mulvihill, 1996) y prevención primaria de la hipertensión (Salazar, 1995), mostrando la utilidad de los distintos modelos en la identificación de factores que predicen la conducta de riesgo.

Por otra parte, se puede ver, en distintos trabajos, que algunos modelos de salud han sido objeto de críticas por su incapacidad para prevenir comportamientos de riesgo relacionados con alguna enfermedad específica. En el caso particular de la prevención del contagio del VIH/Sida, Abraham y Sheeran (1994) analizan diversos estudios que utilizan como marco de referencia teórico los modelos de Creencias de Salud y de la Acción Razonada para prevenir el contagio del VIH en jóvenes heterosexuales.

Estos autores señalan que dichos modelos sugieren que las creencias, actitudes, normas sociales, intenciones y autoeficacia percibida son condiciones psicológicas suficientes para que ocurran prácticas sexuales seguras; sin embargo, dada la naturaleza de la problemática sexual de los jóvenes, estos modelos tienen limitaciones al no considerar factores adicionales como la complejidad motivacional de la conducta sexual, el estado emocional y de madurez sexual de los jóvenes en el momento en el que ocurre alguna conducta sexual, las dificultades para planear interacciones espontáneas y, finalmente, los factores contextuales que pueden afectar las intenciones de realizar comportamientos preventivos del VIH.

También Brown, DiClemente y Reynolds (1991) han señalado las dificultades del modelo de Creencias de Salud en la predicción de conductas relacionadas con el contagio del VIH, y consideran la necesidad de un modelo de prevención del VIH que incorpore los factores que caracterizan a los adolescentes, tales como la inmadurez cognitiva, su esfuerzo por ser independientes, la influencia que ejercen los compañeros y las características de su propio desarrollo físico.

De la misma manera se ha cuestionado la eficacia del modelo de creencias de salud en la prevención del cáncer en la piel. Marlenga (1995) realizó un estudio descriptivo para evaluar, en trabajadores campesinos, sus creencias de salud, el nivel de conocimientos que tienen acerca del cáncer en la piel y sus prácticas actuales que previenen este tipo de cáncer; los resultados indican una incongruencia entre las variables medidas bajo el modelo de creencias de salud y la realización de prácticas de prevención del cáncer: los campesinos tenían conocimientos sobre el cáncer en la piel, sentían que ellos eran susceptibles a esta enfermedad, que realmente era un problema serio y pensaban que tomar acciones preventivas era benéfico para ellos; sin embargo, no llevaban a cabo ninguna práctica de protección contra los rayos solares.

Esta incongruencia entre lo que la gente cree, conoce, piensa, siente o percibe y lo que finalmente hace, ha sido motivo de discusión en diversos trabajos. Quizá habría que considerar que en los modelos anteriormente descritos se propone lograr cambios conductuales que incidan en variables de tipo cognitivo y lo que se logra son aumentos en la probabilidad de ocurrencia del comportamiento preventivo, pero no se asegura que dicho comportamiento realmente ocurra.

Como lo señala Weinstein (1993), ninguno de estos modelos actualmente predice la cantidad de comportamiento preventivo que ocurrirá; en lugar de ello, "lo que se predice es la probabilidad relativa de la acción por diferentes individuos o por individuos en diferentes grupos de tratamiento" (p. 326).

Investigaciones sobre actitudes, conocimientos y prácticas sexuales relacionados con el VIH/Sida

Los estudios que a continuación presentamos nos proporcionan un panorama general de los aspectos más importantes que se han abordado en el campo de la prevención del VIH/Sida, particularmente con poblaciones de adolescentes y adultos jóvenes. Las variables que con mayor frecuencia se han evaluado en este campo son: conocimientos, actitudes y prácticas sexuales.

Los estudios a los que aquí se hace referencia no están diseñados para evaluar la efectividad de un modelo de salud particular, sin embargo proporcionan información muy valiosa sobre los factores que pudieran estar relacionados con comportamientos de riesgo. Cabe señalar que, aun cuando la mayoría de dichos estudios evalúan simultáneamente más de una de las variables mencionadas, en cada sección de este apartado se analizarán de manera independiente para tener mayor claridad acerca de los aspectos que resultan ser importantes en la estimación de cada una de ellas.

Conocimientos sobre VIH/Sida

La evaluación sobre conocimientos acerca del VIH/Sida básicamente se ha orientado a determinar el nivel de información que posee cierto tipo de población respecto de la etiología del VIH, epidemiología del Sida, sintomatología de la enfermedad, mecanismos de transmisión del virus y formas específicas de prevención.

Algunos trabajos se han centrado únicamente en la evaluación de conocimientos sobre la prevención y transmisión del Sida (Cáceres, Roscano,

Muñoz, Rotuzzo, Mandel y Hearst, 1992; Kelly, Lawrence, Brasfield, Lemke, Amidei, Roffman, Hood, Smith, Kilgore y McNeill, 1990; Walter, Vaughan, Gladis, Fish, Kasen y Cohall, 1992); otros, en la evaluación de conocimientos sobre prácticas específicas de riesgo, sobre sexualidad y sobre formas específicas de prevención del Sida (Fielstein y Hazlewood, 1992; Hays y Hays, 1992; Jemmott, Sweet y Fong, 1992; Micher y Silva, 1997; Sabogal, Sandlin, Reyes, Aguirre, Bregman y Lemp, 1992). Sin embargo, es importante señalar que ninguno de estos estudios describe con detalle las preguntas formuladas a la población estudiada, sólo se reporta la variable genérica evaluada.

Dilorio, Parsons, Lehr y Adame (1993) evaluaron, en 689 estudiantes, conocimientos sobre las causas del Sida, aspectos médicos de la enfermedad, sus mecanismos de transmisión, formas para prevenirlo, y conocimientos sobre la efectividad del material con el que están hechos los condones para evitar la transmisión del VIH. Los resultados mostraron que los estudiantes obtuvieron niveles elevados de conocimientos sobre las causas de la enfermedad y los mecanismos de transmisión, pero sabían muy poco acerca de los aspectos médicos; la mayoría sabía que el condón es efectivo para prevenir el Sida, pero pocos pudieron diferenciar su efectividad en términos del material con el que están hechos (de látex vs. otros materiales); finalmente, 12% de la muestra no sabía que el VIH se puede transmitir en relaciones sexuales de mujer a hombre.

En la evaluación de los conocimientos sobre VIH/Sida también ha resultado importante evaluar al personal que se dedica al cuidado de la salud de la población. Passannante, French y Louria (1993) reportaron los datos obtenidos en una muestra de 2 725 profesionales de la salud que respondieron a un cuestionario sobre conocimientos acerca del VIH/Sida. De éstos, los médicos fueron los que obtuvieron un porcentaje de respuestas correctas más elevado (71%) en relación con el resto de los profesionales, los odontólogos 66% de respuestas correctas y las enfermeras 65%, lo cual sugiere la necesidad de una mayor capacitación de estos profesionistas sobre etiología, sintomatología, transmisión y prevención del VIH/Sida.

El trabajo de Kelly, Lawrence, Hood y Brasfiel (1989) describe la construcción de un instrumento estandarizado formado por 40 ítems (cierto o falso), cuyo objetivo principal es evaluar los conocimientos sobre comportamientos de riesgo relacionados con el Sida. Aun cuando no se contempla la evaluación de aspectos relacionados como la etiología y epidemiología de la enfermedad, es un instrumento que, de acuerdo con estos autores, sirve como una medida útil de variables dependientes cuando se pretende evaluar el impacto de programas de prevención ya sea aplicados o experimentales, particularmente en poblaciones que potencialmente están en riesgo de contraer el VIH.

En México, Alfaro, Rivera y Díaz (1991) diseñaron un cuestionario conformado por 46 reactivos de opción múltiple, el cual evalúa cinco áreas de conocimientos sobre el VIH/Sida; el número de reactivos es diferente para cada área: etiología y desarrollo de la infección del VIH (11), epidemiología (seis), sintomatología (siete), mecanismos de transmisión (11) y prevención (11). Este cuestionario se aplicó a una muestra de estudiantes de preparatoria que tenían entre 15 y 17 años. Los hallazgos más importantes mostraron que en las áreas donde hubo menor número de respuestas correctas fueron las de epidemiología, etiología y evolución de la infección por el VIH; mientras que en las de sintomatología, transmisión y prevención la mayoría de los estudiantes contestaron correctamente las preguntas.

Villagrán y Díaz (1992) evaluaron los conocimientos sobre VIH/Sida en una muestra de 3 064 estudiantes de nivel licenciatura del campus universitario de la Universidad Nacional Autónoma de México (UNAM), y aunque señalan que el instrumento diseñado se elaboró a partir de los indicadores propuestos por la OMS y CONASIDA para la investigación sobre Sida y sexualidad, no describen cómo está organizado dicho instrumento, sólo señalan que se evaluaron aspectos relacionados con la etiología del Sida, formas de transmisión, síntomas del Sida y formas de evitar el contagio de enfermedades sexualmente transmisible (ETS). A partir de los datos obtenidos, los autores reportan que los conocimientos que tienen los estudiantes no son suficientes, ya que más de 25% de ellos desconoce la fase asintomática del padecimiento y cómo evitar las ETS, más de 60% ignora que no existe cura una vez que la persona está infectada por el VIH y, finalmente, cerca de 10% no sabe que un enfermo asintomático puede ser transmisor del virus.

El conocimiento sobre el Sida es sin duda una variable importante que debe tenerse en cuenta en la investigación sobre la adopción de medidas preventivas. Sin embargo, a pesar de que en diferentes países se muestra un nivel alto de conocimientos acerca del Sida en la población en general, principalmente en lo relacionado con las vías de contagio y formas de prevención (Kornblit, 1997), se considera que la información es una condición necesaria pero no suficiente para producir cambios en los comportamientos de riesgo (Bayés, 1989). Hay una gran cantidad de estudios que muestran que a pesar de que los conocimientos son elevados, los entrevistados incurren en prácticas de riesgo. Este aspecto se describirá más adelante en la sección sobre evaluación de prácticas de riesgo.

Actitudes hacia el Sida

Las escalas de actitudes hacia el Sida miden, entre otras cosas, lo que una persona piensa, sabe o haría frente a diversas situaciones que implican relacionarse con gente que tiene Sida. En este sentido, se han evaluado aspectos tales como miedo a tener Sida (Alfaro, Rivera y Díaz, 1992; Díaz y Alfaro, 1995); estimación del riesgo personal para contraer el Sida (Cáceres, et al., 1992; Díaz y Rivera, 1992; Kelly, Sikkema, Winett, Solomon, Roffman, Heckman, Stevenson, Perry, Norman y Desiderato, 1995; Villagrán, Cubas, Díaz y Camacho, 1990); control interno y externo para prevenir el contagio (Flores y Díaz, 1994; Kelly, et al., 1990); percepción sobre el comportamiento de otros (Walter, et al., 1992), actitudes hacia la sexualidad (Alfaro, Rivera y Díaz, 1992); actitudes hacia el uso del condón (Rivera y Díaz, 1994; Sabogal, et al., 1992; Villagrán y Díaz, 1992); actitudes hacia la enfermedad del Sida (Flores y Díaz, 1992; Rivera y Díaz, 1994) y, percepción de las normas sociales (Cáceres, et al., 1992; Jemmott, Sweet y Fong, 1992; Kelly, et al., 1990; Kelly, et al., 1995; Rivera y Díaz, 1994).

Sobre todo con adolescentes y adultos jóvenes se han aplicado diversos estudios que analizan actitudes hacia el VIH/Sida. Díaz y Alfaro (1995) trabajaron con 530 estudiantes de preparatoria para investigar las diferencias existentes por edad, género y debut sexual respecto a los factores psicosociales que están involucrados en la emisión de conductas sexuales preventivas del contagio del VIH. Las variables evaluadas fueron: autopercepción de riesgo ante el contagio del VIH; miedo ante el contagio del VIH; creencias hacia grupos de riesgo (drogadictos, homosexuales, bisexuales); actitud hacia las relaciones sexuales con personas seropositivas; creencias hacia el uso del condón y actitudes hacia el uso del condón. Los resultados mostraron que, aun cuando la autopercepción de riesgo fue baja en todos los estudiantes, los hombres presentan mayor autopercepción de riesgo que las mujeres; los estudiantes de menor edad (entre 15 y 16 años) mostraron creencias erróneas respecto a los grupos de homosexuales, bisexuales y drogadictos, ya que consideraron que estos grupos tienen más probabilidades de adquirir el virus; los hombres presentaron actitudes más favorables hacia las relaciones sexuales con personas seropositivas que las mujeres; y, finalmente, los estudiantes sexualmente activos presentaron actitudes y creencias más favorables hacia el uso del condón que los no iniciados sexualmente. Los autores señalan que estas variables deben ser incluidas en campañas de salud dentro de la política educativa dirigida a estudiantes.

Alfaro, Rivera y Díaz (1992) evaluaron actitudes hacia la sexualidad y Sida en 480 estudiantes de preparatoria. Utilizaron una escala tipo Likert, validada psicométricamente, para analizar cinco factores de actitudes hacia la sexualidad: libertad en las relaciones sexuales, aborto, embarazo, anticonceptivos y prácticas sexuales; y cinco factores de actitudes hacia el Sida: apoyo a enfermos de Sida, temor al contagio del VIH, miedo a tener Sida, cambios en la conducta sexual y sexo seguro.

Los hallazgos más importantes indicaron que la mayoría de los estudiantes, especialmente las mujeres, tienen una actitud favorable para dar apoyo a enfermos de Sida; los que han tenido relaciones sexuales y usan anticonceptivos, mostraron una actitud más favorable hacia el uso del condón y cambios en la conducta sexual para evitar el Sida que los que no han tenido relaciones sexuales; asimismo, los estudiantes sexualmente activos tienen mayor temor al contagio del VIH y a realizarse la prueba de detección del VIH; finalmente, se encontró que la mayoría de los adolescentes no se ven a sí mismos en riesgo de adquirir la infección por VIH.

Moore y Rosenthal (1991) observaron la percepción de riesgo y de invulnerabilidad para adquirir el Sida en 1 008 estudiantes australianos entre 17 y 20 años de edad. Los datos de este estudio indicaron que aquellos estudiantes que no se percibían a sí mismos en riesgo de contraer el VIH y pensaban que ellos podían ejercer un control sobre la posibilidad del contagio, se involucraron en menos prácticas sexuales de riesgo. La mayoría de los sujetos que se percibían a sí mismos como invulnerables (por ejemplo, verse en bajo riesgo a pesar de su comportamiento) continuaron involucrándose en prácticas de riesgo.

De alguna manera estos estudios muestran la importancia de evaluar actitudes como un factor que puede predecir comportamientos de riesgo o preventivos relacionados con el VIH/Sida. Veamos en la siguiente sección lo que particularmente se ha evaluado como comportamientos de riesgo y los resultados más importantes que se han obtenido al respecto.

Prácticas sexuales de riesgo

Un tercer grupo de estudios lo conforman aquellos que de una u otra forma califican las prácticas sexuales de grupos de individuos, y cuyo análisis minucioso considera dichos comportamientos como de alto riesgo o de prevención para contraer el VIH.

Con el propósito de tener claridad sobre el riesgo que implican las prácticas que se han evaluado en diversos estudios, es importante señalar que, sin considerar el uso del condón, las prácticas en las que existe mayor riesgo del contagio del VIH son, en primer lugar, el sexo anal, en segundo lugar el sexo vaginal (penetración pene-vagina) y en tercer lugar las relaciones orogenitales (Cohen y Miller, 1998). En el caso de las relaciones orogenitales se ha demostrado que el contagio puede ocurrir de pene a boca y de vagina a boca, y que el contagio de boca a pene o vagina es menos probable, pero comparada con las relaciones anales y las vaginales, la práctica orogenital es de menor riesgo (Edwards y Carne, 1998).

El análisis efectuado por Brody (1995) indicó que la transmisión heterosexual de mujer a hombre vía vaginal es extremadamente imposible, pues se ha reportado que debido a las características anátomo-fisiológicas de la mucosa vaginal hay más resistencia a la transmisión del virus (OPS, 1989); en cambio, la transmisión vía rectal es de mayor riesgo debido a que el epitelio rectal es cilíndrico simple, ricamente vascularizado y con abundante tejido linfoide no encapsulado (OPS, 1989), por lo que resulta más probable la ocurrencia de laceraciones durante el coito rectal. Por esta razón, es más frecuente el contagio de hombre a mujer y de hombre a hombre que de mujer a hombre.

De acuerdo con lo anterior, las prácticas sexuales que han resultado ser más evaluadas en los estudios sobre prevención del VIH/Sida, por el gran riesgo que éstas conllevan, son: relaciones anales insertivas y receptivas, relaciones coitales (penetración pene-vagina) y relaciones orogenitales; como prácticas preventivas se han evaluado el uso del condón, masturbación y caricias en zonas genitales.

Sin embargo, además de estas prácticas, en la literatura se ha considerado importante evaluar, sobre todo cuando se trata del trabajo dirigido a estudiantes y adultos jóvenes, distintas variables que por su ocurrencia, pueden aumentar la probabilidad de que la persona incurra en prácticas sexuales riesgosas. Como ejemplo de estas variables tenemos las siguientes: 1) debut sexual (tener o no tener relaciones sexuales); 2) edad del debut sexual; 3) número de compañeros sexuales (en toda la vida, en el último año, últimos tres meses); 4) tener múltiples compañeros sexuales; 5) frecuencia de las relaciones sexuales; 6) uso de protección; 7) frecuencia del uso de protección, 8) conversación entre la pareja sobre sexo seguro, y 9) historia sobre el VIH (si se ha practicado la prueba de Elisa, o si se conoce la historia del VIH de la pareja).

En la literatura especializada encontramos que la evaluación de dichas prácticas se ha enfocado sólo a algunas de ellas, como son los trabajos de Sabogal, Sandlin, Reyes, Aguirre, Bregman y Lemp (1992) y Walter, Vaughan, Gladis, Fish, Kasen y Cohall (1992), quienes únicamente evaluaron, en el primer caso, relaciones homobisexuales e historia del VIH y, en el segundo, uso del condón y número de compañeros sexuales. Sin embargo, encontramos otros trabajos que evalúan un rango más amplio de prácticas, que abarcan el uso del condón, número de compañeros sexuales, sexo anal y oral, tanto activo como pasivo, relaciones homosexuales y bisexuales, conversaciones sobre sexo seguro, concurrencia a bares, masturbación y caricias e historia sobre el VIH (Kelly, *et al.*, 1989, 1990, 1995; Metsler, Noel y Biglan, 1992; Sawyer y Moss, 1993).

Con poblaciones de adolescentes y adultos jóvenes, las prácticas sexuales evaluadas han sido diversas. Hollar y Snizek (1996) evaluaron relaciones anales, coito vaginal, múltiples compañeros sexuales y uso de protección. Encontraron que los estudiantes que realizan prácticas *menos convencionales* (sexo anal) utilizan protección, mientras que los que realizan prácticas *más convencionales* (penetración del pene en la vagina) no utilizan protección. Jadack, Hyde y Keller (1995) evaluaron, en 272 adultos entre 18 y 41 años, diferentes variables relacionadas con el uso del condón. Encontraron que las relaciones sexuales sin condón ocurren en situaciones espontáneas, no planeadas, bajo la influencia de alcohol o drogas, con personas poco conocidas o con parejas con las que llevan mucho tiempo.

Millstein, Moscicki y Broering (1994) trabajaron con 696 mujeres adolescentes sexualmente activas, y las ubicaron en diferentes grupos de riesgo sobre la base de los siguientes elementos: su historia de uso de drogas intravenosas, historia de enfermedades sexualmente transmisibles y probable contacto con individuos infectados por el VIH. Los resultados indicaron que las mujeres ubicadas en el grupo de riesgo más alto muestran tasas más altas de consumo de sustancias, de relaciones anales y están dispuestas a tener relaciones futuras con compañeros riesgosos. Un segundo grupo de riesgo reportó tasas altas de ETS, uso inconsistente del condón y menos conocimientos sobre el Sida. Estos hallazgos sugieren, según los autores, estrategias de intervención diferenciadas de acuerdo al grupo de riesgo.

En otro estudio (McCormack, Anderton y Barbieri, 1993) aplicado también a estudiantes universitarios, se evaluaron las siguientes variables: uso del condón, quién toma la iniciativa para usar protección, relaciones sexuales con parejas múltiples, relaciones sexuales con una sola pareja, e historia sexual de la pareja. Los resultados mostraron que cuando las relaciones sexuales se establecen con una sola pareja, los hombres insisten más en usar protección, mientras que las mujeres prefieren indagar sobre la historia sexual de su pareja; entre los estudiantes que tienen múltiples parejas sexuales, las mujeres son las que muestran mayor iniciativa para usar el condón.

En el caso de estudios realizados en México, la evaluación en adolescentes y adultos jóvenes se ha centrado particularmente en el debut sexual, edad de inicio del debut sexual, número de compañeros sexuales y uso del condón. Veamos algunos ejemplos.

Villagrán, Cubas, Díaz y Camacho (1990) adoptaron como variables sexuales relacionadas al riesgo las siguientes: debut sexual, número de parejas en la vida y en el último año, y elección de pareja (preferencia sexual); como variables relacionadas o encaminadas a la prevención evaluaron: uso de condón, actitudes hacia el uso del condón, actitudes en relación con el sexo y con las prácticas sexuales; de estos últimos elementos, el único que puede considerarse como comportamiento preventivo es el uso de condón, las demás variables hacen referencia a actitudes y no a prácticas. Llevaron a cabo el estudio con 989 estudiantes universitarios; los resultados indicaron que alrededor de 50% de la muestra ha tenido relaciones sexuales, de éstos y 75% las inició entre los 10 y los 19 años, fueron los hombres quienes las inician a edades más tempranas. En relación con el número de parejas que han tenido en toda la vida, 31% respondió haber tenido sólo una, 39% de dos a cuatro parejas y 30% mencionó haber tenido cinco o más parejas. Finalmente, la mayoría reportó tener preferencia heterosexual, sólo 10% de la muestra se inclina hacia la homobisexualidad.

En otro estudio (Alfaro y Díaz, 1994) aplicado a 183 estudiantes de preparatoria sexualmente activos se midió lo siguiente: número de personas con las que han tenido relaciones sexuales, frecuencia de las relaciones sexuales, uso del condón y frecuencia del uso del condón. Los resultados mostraron que los hombres tienen más parejas sexuales y es más frecuente que tengan relaciones sexuales que las mujeres; asimismo, se observó una relación positiva entre la frecuencia de las relaciones sexuales y el uso del condón, ya que entre más alta es la frecuencia de las relaciones mayor es la frecuencia del uso del condón.

Lo que Díaz y colaboradores (Alfaro y Díaz, 1994; Alfaro Rivera y Díaz, 1991; Villagrán y Díaz, 1992; Villagrán *et al.*, 1990) describen como *patrón de conducta sexual* hace referencia al debut sexual, edad de inicio de las relaciones sexuales, número de parejas que han tenido en toda la vida y orientación sexual (homosexual, bisexual y heterosexual), lo cual es distinto de lo que en párrafos anteriores señalamos como prácticas sexuales, por lo que resulta especialmente importante desarrollar estudios con poblaciones mexicanas en los que se estimen directamente prácticas sexuales de riesgo y los factores que están altamente asociados con su ocurrencia y mantenimiento.

Relación entre las variables evaluadas

En la literatura se pueden encontrar diversos estudios que han analizado la relación entre conocimientos y/o actitudes y la ocurrencia de prácticas de riesgo. En algunos casos se han reportado correlaciones positivas que indican que a mayor nivel de conocimientos o de actitudes positivas hacia el Sida son mayores las prácticas de prevención; sin embargo, la mayoría de los estudios indican una correlación negativa. Veamos algunos ejemplos.

En el estudio llevado a cabo por Hollar y Snizek (1996), se estimó la relación entre conocimientos sobre el VIH/Sida, la autoestima y el involucramiento en prácticas sexuales de riesgo. Los datos obtenidos de 353 estudiantes indicaron que un grupo de sujetos con niveles altos de autoestima y de conocimientos se involucraron más en prácticas conductuales seguras (uso de protección en relaciones anales) que aquellos que obtuvieron niveles bajos y moderados de autoestima; por otra parte se encontró que otro grupo de estudiantes con niveles altos de autoestima se involucraba más en prácticas de riesgo (coito vaginal, sexo no protegido con múltiples compañeros) que los que presentaron niveles moderados y bajos de autoestima.

Los autores señalan que esto puede ser un indicador de que a mayor nivel de conocimientos y de autoestima, mayor es la frecuencia de prácticas seguras, pero también a mayores niveles de autoestima, se observa menor frecuencia de prácticas seguras. Según estos autores, los resultados indican que la autoestima y el nivel de conocimientos operan diferencialmente dependiendo del tipo de conducta sexual involucrada.

Anteriormente comentamos el trabajo de Jadack, Hyde y Keller (1995) para ejemplificar el tipo de prácticas sexuales que ellos consideraron. El propósito de su análisis fue ver la relación entre conocimientos sobre el VIH y la incidencia de prácticas de riesgo reportadas por 272 adultos entre 18 y 41 años, y determina las diferencias por género. Estos autores encontraron que aun cuando todos los sujetos tuvieron conocimientos precisos sobre el VIH, hubo diferencias entre hombres y mujeres en las formas específicas en las que incurren en prácticas de riesgo. Así, los hombres, a diferencia de las mujeres, reportaron que sus relaciones sexuales sin usar protección ocurrieron en situaciones no planeadas, espontáneas, mientras estaban bajo la influencia de alcohol o drogas o con personas poco conocidas.

En cambio, las mujeres, se involucraron en conductas sexuales sin usar protección cuando entablaban relaciones con parejas estables. Además, se observó que las mujeres preferían abstenerse de una relación sexual e indagar sobre la historia sexual de su pareja que utilizar el condón, mientras que los hombres se sentían más seguros comprando condones.

DiClemente, Forrest y Mickler (1990) también encontraron niveles altos de conocimientos sobre la transmisión del Sida y frecuencias altas de comportamientos de riesgo relacionados con el VIH en estudiantes universitarios. Los autores afirman que una gran proporción de estudiantes señalaron nunca haber usado condón durante sus relaciones sexuales, así como haber tenido múltiples compañeros sexuales durante el último año. Otro grupo de sujetos reportó haber tenido cambios en su comportamiento sexual, e incremento de las prácticas de sexo seguro, pero los niveles de sus conocimientos sobre la transmisión del Sida no estuvieron asociados a dichos resultados.

Adamchak, Mbizvo y Tawanda (1990) investigaron patrones en la relación entre conocimientos y actitudes hacia el Sida y actividades sexuales de 711 personas mayores de 20 años. Midieron conocimientos sobre las rutas de transmisión y características de la infección del VIH, cambios en el comportamiento para evitar el Sida, incidencia de enfermedades sexualmente transmisibles, y actividad sexual. Encontraron que a pesar de que 90% de los sujetos obtuvieron niveles elevados de conocimientos acerca del Sida y sólo 12% no sabía cómo el VIH se puede transmitir, 55% de las personas llevaban a cabo prácticas de riesgo (no usan protección).

En un estudio (Maticka, Kiewying, Haswell y Kuyyakanond, 1994) realizado con 330 mujeres de Tailandia, se evaluaron conocimientos, actitudes, creencias y prácticas sexuales relacionadas con el VIH/Sida. Los resultados más importantes mostraron que los niveles de conocimientos generales acerca de los modos de transmisión y prevención fueron altos, 85.5% de las mujeres identificaron al menos un modo de transmisión del VIH; para ellas la prostitución y el uso de jeringas contaminadas eran las fuentes predominantes de riesgo, sin embargo, estos conocimientos no los aplicaron a las circunstancias de la vida diaria, ya que no se percibieron en riesgo de contraer la infección aun cuando reconocieron que sus esposos se involucraban en conductas de riesgo. En total 202 mujeres nunca habían usado el condón y 101 nunca habían visto un condón.

Para finalizar esta sección, quisiéramos hacer referencia a un trabajo (Odriozola e Ibáñez, 1992) realizado con 728 estudiantes de una universidad privada de México, el cual resulta interesante analizar porque, aun cuando su interés no se centra en la prevención del VIH/Sida, proporciona información valiosa.

Esta prueba evaluó una gran variedad de prácticas sexuales y de elementos relacionados con ellas, como lo fueron: masturbación a solas, besos en la boca, acariciar senos de la pareja, ser acariciado en senos, acariciar genitales de la pareja, ser acariciado en genitales, estimular hasta el orgasmo, ser estimulado hasta el orgasmo, caricias mutuas desnudos, sexo oral activo, sexo oral pasivo, penetración anal heterosexual, excitarse con animal, excitarse con prenda de vestir, coito, uso de anticonceptivo primer coito, contacto homosexual, enfermedades venéreas, sexo con animales, cohabitación con pareja, más de una pareja sexual simultánea, sexo con varias personas juntas y sexo con recién conocido. Las prácticas que con menor frecuencia fueron reportadas son: penetración anal heterosexual (10.9% de los estudiantes), sexo con varias personas juntas (8.2%), enfermedades venéreas (2.7%), excitarse con animal (1.7%), contacto homosexual (1.5%) y sexo con animales (sólo un estudiante).

Por otra parte una comparación por género demostró que los hombres reportaron más variedad de prácticas sexuales que las mujeres. Otras variables evaluadas y no menos importantes fueron: tipo de persona con la que tuvieron la primera relación sexual, tiempo de conocerse y lugar de inicio de la relación; y por otra parte la frecuencia actual de las relaciones sexuales, frecuencia de la masturbación, frecuencia de uso de anticonceptivos y edad de inicio de las relaciones sexuales.

Estudios como éste ejemplifican la variedad de prácticas de riesgo en las que pueden incurrir los estudiantes universitarios y que debieran tomarse en consideración en la investigación sobre los comportamientos de riesgo relacionados con el contagio del VIH, y no restringirse sólo a unas cuantas prácticas, como el uso o no del condón, que es una de las más evaluadas.

A manera de resumen señalamos que, de los trabajos hasta aquí expuestos, algunos se han centrado sólo en el estudio de los conocimientos acerca del Sida o conocimientos sobre comportamientos de alto riesgo, otros han abarcado tanto conocimientos como actitudes, pero la mayoría de ellos consideran en su evaluación las tres variables mencionadas: conocimientos, actitudes y prácticas sexuales.

Los principales hallazgos de estas investigaciones se pueden resumir en los siguientes puntos: 1) en general, los sujetos muestran buenos conocimientos acerca del Sida, sin embargo, sus prácticas sexuales son de alto riesgo, pues no emplean protección, tienen múltiples parejas sexuales, compañeros sexuales de alto riesgo, penetración anal sin protección; 2) en algunos casos los sujetos desconocen la naturaleza de las conductas de alto riesgo, es decir, saben cuáles son las conductas de alto riesgo pero no saben por qué son de alto riesgo; 3) los factores demográficos (edad, sexo, escolaridad) están altamente asociados a prácticas de alto riesgo; 4) el uso del alcohol está altamente asociado a prácticas de alto riesgo; 5) los sujetos que participan en conductas de alto riesgo tienen un nivel de conocimientos significativamente menor que aquellos que no las practican, y 6) los sujetos que participan en conductas de alto riesgo tienden a considerar que no contraerán el VIH, a diferencia de aquellos que no las practican.

Cabe señalar que los estudios que hasta aquí hemos comentado, muestran la gran diversidad que existe en el campo de la evaluación del VIH/Sida, diversidad que se expresa en los modelos de salud y las variables que se derivan de los mismos, aun cuando no se haga explícito el modelo del cual se parte. En este sentido, el diseño de instrumentos que evalúan comportamientos de riesgo en el campo de la salud (y en cualquier otro campo), se lleva a cabo partiendo justamente de la consideración de aquellas variables que, según el modelo teórico, se definen como esenciales en la explicación del problema de estudio. En el siguiente apartado describimos un instrumento que se desarrolló para evaluar comportamientos de riesgo relacionados con el contagio del VIH/Sida, a partir de un modelo de salud orientado hacia la prevención de este grave problema da salud.

Descripción de un instrumento que evalúa comportamientos de riesgo relacionados con el contagio del VIH/Sida

Debido a la importancia que tiene expresar claramente el marco teórico del cual se parte cuando se diseña algún instrumento de evaluación, en este apartado presentamos las características conceptuales que definen al modelo de prevención del VIH/Sida propuesto por Bayés y Ribes (1989) y desarrollado por Bayés (1992a) y describimos las variables que se consideraron, de este modelo, para diseñar un instrumento de evaluación de comportamientos de riesgo relacionados con el contagio del VIH/Sida.

El Modelo Psicológico de la Salud aplicado al caso del VIH/Sida

A pesar de la gran cantidad de investigaciones orientadas hacia la prevención del VIH/Sida y de las fuertes campañas del Sector Salud para promover el uso del condón como estrategia efectiva para prevenir el contagio del VIH, los niveles de incidencia de esta enfermedad mortal siguen aumentando.

Éste es un problema muy complejo que debe abordarse, de manera conjunta, desde diferentes disciplinas. Sin embargo, señalamos algunos puntos que, desde la perspectiva de Piña, Duarte y Guzmán (1992), podrían estar relacionados con la falta de resultados satisfactorios para reducir la incidencia y prevalencia del Sida:

El primero de ellos tiene que ver con lo que ya se ha señalado de manera insistente en otros lugares (Arranz y Bayés, 1988; Bayés, 1992b): la información es necesaria mas no suficiente para lograr cambios en los comportamientos de riesgo; el segundo aspecto hace referencia a que en las investigaciones biomédicas, epidemiológicas y las orientadas socialmente, se destacan las dimensiones biológicas y sociales del problema, y se pasa por alto la dimensión psicológica como categoría analítica específica.

El hecho de que se identifiquen comportamientos y/o circunstancias de alto riesgo no significa que, en los programas preventivos dirigidos a grupos sociales particulares, se esté en una posición inmejorable para inducir cambios deseados en el nivel conductual y hacer menos probables las circunstancias de alto riesgo. La labor fundamental de la investigación psicológica en este problema, no se restringe a describir y enumerar los comportamientos asociados a la enfermedad, sino a descubrir su naturaleza funcional (Piña, Duarte y Guzmán, 1992).

En este sentido, el análisis de los comportamientos de riesgo debe contemplar categorías de procesos que permitan justamente entender por qué llegan a ocurrir prácticas de riesgo y diseñar programas de intervención dirigidos al cambio de estilos conductuales preventivos eficaces. Estos aspectos se abordan en el modelo de salud propuesto por Ribes (1990), y en particular en el de prevención del VIH/Sida propuesto inicialmente por Bayés y Ribes (1989) y posteriormente desarrollado por Bayés (1992a).

El Modelo Psicológico de la Salud (Ribes, 1990) tiene sus fundamentos teóricos en trabajos previos (Ribes y López, 1985) que se derivan de una aproximación interconductual (Kantor, 1967), en donde lo psicológico está definido por interacciones ontogenéticamente construidas por el individuo, con objetos, eventos y otros individuos. La tesis central de este modelo consiste en considerar al comportamiento como eje vinculador entre lo biológico y lo sociocultural; la dimensión psicológica de la salud la constituye la práctica individual de un organismo biológico regulado por relaciones socioculturales. De acuerdo con esto, la salud, como concepto integrador de lo social (bienestar) y lo biológico (ausencia de enfermedad), sólo puede concebirse en la práctica real mediante su vinculación con aspectos relacionados con el comportamiento o actividad individual humana (Ribes, 1990).

El Modelo Psicológico de la Salud que propone Ribes (1990) puede desglosarse en tres elementos: "1) La forma en que el comportamiento participa en la modulación de los estados biológicos, en la medida en que regula el contacto del organismo con las variables funcionales del medio ambiente. 2) Las competencias[1] que definen la efectividad del individuo para interactuar con una diversidad de situaciones que directa o indirectamente afectan el estado de salud. 3) Las maneras consistentes que tipifican a un individuo en su contacto *inicial* con situaciones que pueden afectar potencialmente su condición biológica" (pág. 20).

---

[1] El concepto de "competencias" tiene un significado funcional, implica siempre el comportamiento (que tiene características morfológicas, es relativo a alguna o varias personas y tiene características dinámicas, como frecuencia, intensidad) de un individuo bajo situaciones específicas (circunstancia social, lugar, objetos o acontecimientos físicos, conductas socialmente esperadas).

Una de las tesis fundamentales sostiene que, hacer de cierta manera las cosas y hacerlo frente a ciertas circunstancias o condiciones, constituyen los elementos que definen psicológicamente un proceso cuya resultante es la presencia o ausencia de enfermedad biológica.

Es importante señalar que esta concepción psicológica de la salud constituye una propuesta conceptual que requiere trabajos empíricos. Hasta la fecha los intentos que se han realizado se enmarcan en la investigación sobre alcoholismo (Díaz-González, Rodríguez, y Nava, 1998; Martínez y Sánchez, 1998) y sobre la prevención del VIH/Sida (Arranz y Bayés, 1988; Bayés, 1992a, 1992b, 1994; Bayés y Arranz, 1988; Piña, 1988; Piña, Duarte y Guzmán, 1992; Piña, Márquez y Vera, 1992; Preciado y Montesinos, 1992; Robles y Moreno, 1998; Torres, 1994).

En términos generales, el modelo de prevención de enfermedad desarrollado por Bayés (1992b) consta de tres fases: pasado, presente y futuro. Veamos en qué consiste cada una de ellas.

Pasado. En esta fase están involucrados los factores históricos que influyen en cada nueva situación interactiva concreta, factores que reflejan el grado de información específica relacionada con el problema de salud del que se trate y reflejan el grado de información que el individuo posee respecto de los factores normativo-culturales involucrados en la situación específica.

En este sentido, se considera el nivel de información que una persona posee respecto a: 1) comportamientos y situaciones de riesgo; 2) señales o condiciones de estímulo que indican proximidad de una situación de riesgo y, por tanto, la oportunidad de practicar comportamientos preventivos eficaces; 3) comportamientos preventivos eficaces, que son básicamente de cuatro tipos: *a)* evitar comportamientos de riesgo, *b)* eliminar elementos nocivos del comportamiento de riesgo, *c)* practicar comportamientos incompatibles no peligrosos, y *d)* demorar el comportamiento de riesgo hasta el momento en que pueda efectuarse sin peligro; 4) información sobre las consecuencias a corto y/o largo plazo que pueden derivarse de la práctica de comportamientos preventivos o de riesgo; y 5) información sobre la forma de practicar con habilidad comportamientos preventivos adecuados.

La información específica normativo-cultural, por otra parte, hace referencia "a las normas y orientaciones vigentes en el contexto social en el que el individuo vive y considera como propio, y que, entre otras cosas, señalan, de forma explícita o implícita, qué prácticas son aceptables y deseables, y cuáles no, para los miembros que lo constituyen" (Bayés,

1992b, p. 37). De acuerdo con este último autor, la información normativo-cultural podría ubicarse en la literatura relacionada con representaciones sociales, creencias y actitudes, que son variables centrales en los modelos de salud descritos anteriormente.

Presente. En esta fase se consideran los factores que forman parte, momentáneamente, de una interacción. Se analizan los aspectos situacionales que facilitan o inhiben el comportamiento de riesgo, los cuales pueden ser de tres tipos: *a)* los personales, que incluyen variables relacionadas con lo que en los modelos antes descritos se ha considerado como intenciones, expectativas de resultados y expectativas de auto-eficacia; *b)* los ecológico-coyunturales, como podría ser la propuesta de una persona atractiva para tener relaciones sexuales, o la oferta de droga gratuita, o por el contrario, la poca atracción de la potencial pareja sexual o el ofrecimiento de droga a precios muy elevados; y, finalmente, *c)* los aspectos convencionales, que serían las normas que guían la conducta de las personas específicas involucradas en una interacción, es decir, lo que ellas creen que está bien o mal hacer en la situación específica en la que se encuentran.

También se considera importante analizar en esta fase, la vulnerabilidad del individuo. En relación con este aspecto, este modelo persigue dos propósitos fundamentales: 1) eliminar o disminuir el carácter patógeno del medio y/o evitar el contacto de las partes sensibles del organismo con dicho medio y 2) mantener en un mínimo de vulnerabilidad a cualquier organismo sometido a condiciones de riesgo.

Bayés y Arranz (1988) describen con detalle los factores psicológicos que están asociados a la vulnerabilidad de un organismo, y señalan que el grado de dicha vulnerabilidad depende de tres aspectos: *a)* de la información contenida en el código genético del organismo; *b)* de la historia interactiva de la persona y *c)* de las características de las circunstancias interactivas presentes, considerando, sobre todo, cómo éstas son percibidas por la persona.

Futuro. Esta última fase está limitada a las consecuencias a mediano y largo plazo que se derivan de la práctica de comportamientos de riesgo o preventivos. Bayés (1992a) le da especial atención a esta parte del modelo porque considera que juega un papel central para explicar la enorme dificultad que existe para conseguir cambios en los comportamientos de riesgo sexuales.

Es probable que las personas prefieran las consecuencias inmediatas placenteras que ocasiona su comportamiento de riesgo, sin importarle las consecuencias a largo plazo que pueda tener sobre su estado de salud. Bayés (1992a) señala seis características de las consecuencias inmediatas propias de la interacción, que se derivan de un análisis funcional del comportamiento: 1) los comportamientos de riesgo casi siempre van seguidos, en lo inmediato, de consecuencias placenteras; 2) las consecuencias nocivas que pueden derivarse de la práctica de comportamientos de riesgo son sólo probables y siempre a largo plazo; 3) no existe una cadena de hechos sensibles que vincule la ocurrencia del comportamiento de riesgo con la aparición de una enfermedad, casi siempre los síntomas de ésta aparecen mucho tiempo después de haber practicado el comportamiento de riesgo; 4) los comportamientos preventivos casi siempre van seguidos por una evitación, aplazamiento o atenuación de consecuencias placenteras; 5) las consecuencias derivadas de la práctica de comportamientos preventivos, son sólo probables y siempre a largo plazo y 6) no hay ninguna garantía de que un estado actual saludable sea resultado de la práctica de un comportamiento preventivo concreto.

Bayés (1992a) apunta la necesidad de dirigir los esfuerzos de la investigación hacia la consecución del mejor conocimiento posible de estos factores que conforman el modelo y, por tanto, orientar la investigación hacia el diseño de instrumentos de evaluación, fiables y válidos, como condición necesaria para poder valorar la eficacia de las acciones preventivas y terapéuticas que se lleven a cabo. En la siguiente sección de este apartado se describe un instrumento que intenta evaluar algunos aspectos de este modelo y que, por lo mismo, difiere de manera importante de otros instrumentos que han considerado variables relacionadas con la prevención del VIH/Sida.

Descripción del instrumento de evaluación

Uno de los supuestos del modelo propuesto por Ribes (1990) señala que el comportamiento es el regulador de los intercambios de un sujeto con las variables medioambientales, al modificar de esta manera los estados biológicos del organismo (Ribes, 1990); por esta razón "hacer o no hacer, hacer de cierta manera las cosas, y hacerlo frente a ciertas condiciones constituyen los elementos que definen psicológicamente un proceso, cuya resultante es la presencia o ausencia de enfermedad biológica" (Ribes, 1990, p. 20).

Al tomar este criterio como punto central para el diseño del instrumento, y analizar además los estudios realizados con poblaciones de estudiantes universitarios, en los que la evaluación de las prácticas sexuales se restringe a tener o no relaciones sexuales y al uso o no del condón,[2] fue evidente la necesidad de construir un instrumento que pudiera abarcar la evaluación de un rango más amplio de prácticas sexuales, que considere las circunstancias bajo las cuales éstas ocurren y los factores, tanto biológicos como normativo-culturales, que las facilitan o inhiben. En este apartado describimos los elementos fundamentales que se consideraron para armar dicho instrumento; la versión completa del mismo se puede consultar en Robles (1999).

El instrumento está dirigido a estudiantes universitarios y consta de tres partes. En la primera de ellas se valoran aspectos relacionados con conocimientos acerca del VIH/Sida, y se incluyen 46 ítems de opción múltiples tomados del trabajo de Alfaro, Rivera y Díaz (1991), que evalúan cinco áreas: sintomatología, etiología, epidemiología, mecanismos de transmisión y mecanismos de prevención del VIH/Sida. En la segunda parte se evalúa lo correspondiente a prácticas sexuales y las circunstancias particulares en las que éstas ocurren. En la tercera y última parte se obtiene información sobre los factores biológicos y normativo culturales que median el comportamiento de riesgo de los estudiantes.

Se definieron 15 prácticas sexuales que, de acuerdo con la posibilidad de contagio del VIH, se clasificaron como prácticas de riesgo y prácticas preventivas.

Las prácticas de masturbación solitaria, masturbación en compañía y caricias (activas y pasivas) en zonas genitales, se consideraron como prácticas de prevención en la medida en que, por definición, es imposible que ocurra el contacto de los fluidos corporales entre dos personas; las prácticas de masturbación activa y pasiva se consideraron también de prevención en la medida en que no existe penetración vaginal o anal; sin embargo, podrían tener un riesgo de contagio del VIH siempre y cuando existiera alguna herida en el cuerpo que tuviera contacto con semen. El resto de las prácticas evaluadas se consideraron de riesgo porque en todas existe la posibilidad de contagio del VIH.

Conocer las maneras concretas de conducirse sexualmente y bajo qué circunstancias se hace, nos permite definir los elementos que psicológicamente llevan a un individuo a enfermarse o no. De acuerdo con esto, determinamos aquellas variables que serían indicadores de las condicio-

---

[2] Vea "Prácticas sexuales de riesgo", en este mismo capítulo.

> **Prácticas sexuales evaluadas**
>
> *De riesgo:*
>
> 1. Relaciones sexuales coitales (penetración pene-vagina)
> 2. Relaciones homosexuales
> 3. Relaciones sexuales en grupo
> 4. Relaciones sexuales con parejas ocasionales
> 5. Relaciones sexuales anales pasivas
> 6. Relaciones sexuales anales activas
> 7. Relaciones sexuales orales activas
> 8. Relaciones sexuales orales pasivas
> 9. Uso de instrumentos de estimulación sexual
>
> *De prevención:*
>
> 10. Masturbación solitaria
> 11. Masturbación en compañía
> 12. Masturbación pasiva
> 13. Masturbación activa
> 14. Caricias activas en zonas genitales
> 15. Caricias pasivas en zonas genitales

nes específicas en las cuales las prácticas sexuales se llevan a cabo, éstas se denominaron como variables complementarias.

Esta etapa dentro del proceso de diseño del instrumento fue importante dado que cada una de las variables complementarias a evaluar y las opciones incluidas tienen un riesgo específico asociado. Dichas variables y las opciones de respuesta consideradas para cada una de éstas se muestran en el siguiente cuadro:

Cada una de estas variables complementarias se valoró en las 15 prácticas sexuales antes referidas, se llegó a conformar un total de 130 preguntas de opción múltiple. En algunos casos no se estimaron todas las variables complementarias; por ejemplo, el uso del condón no se evaluó en las prácticas de caricias en zonas genitales. Con el propósito de ejemplificar la forma en la que estructuramos el cuestionario, a continuación describimos las preguntas que hacen referencia a la práctica de relaciones sexuales orales activas.

Es importante señalar que aun cuando se consideraron las mismas variables en cada una de las prácticas sexuales, las opciones de respuesta fueron relativas a cada práctica, por ejemplo en el caso de las relaciones sexuales coitales y ante la pregunta "¿en qué situaciones no utilizas el condón?", una posible respuesta es la probabilidad de embarazo, por lo

Variables complementarias	Opciones de respuesta
1. Se lleva a cabo la práctica sexual	Sí No
2. Frecuencia por mes de dicha práctica	De 1 a 5 veces por mes De 6 a 10 veces por mes De 11 a 20 veces por mes Más de 20 veces por mes
3. Se usa protección	Sí No
4. Frecuencia con que se usa protección	Siempre que tengo este tipo de relaciones La mayoría de las veces La mitad de las veces Casi nunca
5. Tipo de pareja con la que se lleva a cabo dicha práctica	Con mi pareja estable Con parejas eventuales Con prostitutas(os) Personas con las que tengo relaciones de amistad Con personas desconocidas Otras
6. Pareja con la que se usa protección	Con mi pareja estable Con parejas eventuales Con prostitutas(os) Personas con las que tengo relaciones de amistad Con personas desconocidas Otras
7. Pareja con la que no se usa protección	Con mi pareja estable Con parejas eventuales Con prostitutas(os) Personas con las que tengo relaciones de amistad Con personas desconocidas Otras
8. Circunstancias en las cuales se utiliza protección	Cuando hay probabilidad de embarazo Cuando me piden que lo utilice Cuando existe riesgo de contraer alguna enfermedad sexual Cuando desconozco la historia sexual de mi pareja
9. Circunstancias en las cuales no se utiliza protección	Cuando no hay probabilidad de embarazo Cuando me piden que no lo utilice Cuando no existe riesgo de contraer alguna enfermedad sexual Cuando conozco la historia sexual de mi pareja Otras
10. Quién toma la iniciativa para usar protección	Tú Tu pareja Ambos

Práctica	Elementos complementarios

1. ¿Has practicado las relaciones orales (bucogenitales) en otra persona o tu pareja sexual?

   ( ) Sí ( ) No

   → Se lleva a cabo dicha práctica sí o no

2. Si tu respuesta a la pregunta anterior fue NO, pasa a la pregunta 11, de lo contrario, ¿cuántas veces has participado en este tipo de relaciones en los últimos 3 meses?

   a) Esporádicamente
   b) De 1 a 5 veces al mes
   c) De 6 a 10 veces al mes
   d) De 11 a 20 veces al mes
   e) Más de 20 veces por mes

   → Frecuencia de las relaciones orales activas

3. ¿Con qué tipo de pareja has realizado esta práctica sexual?

   a) Sólo con mi pareja estable
   b) Con parejas eventuales
   c) Con prostitutas(os)
   d) Con personas con las que tengo relaciones de amistad
   e) Con personas desconocidas
   f) Otra. Cuál:

   → Tipo de pareja con la que se realiza la práctica

4. ¿Has utilizado condones o barrera látex cuando has practicado relaciones orales en otra persona?

   ( ) Sí ( ) No

   → Se utiliza o no protección

5. Si tu respuesta a la pregunta anterior fue NO, pasa a la pregunta 9, en caso contrario, ¿con qué frecuencia usas protección cuando tienes relaciones orales?

   a) Siempre que tengo este tipo de relaciones sexuales
   b) La mayoría de las veces
   c) La mitad de las veces
   d) Casi nunca

   → Con qué frecuencia se utiliza protección

6. ¿Con qué personas has usado protección cuando practicas relaciones orales en tu pareja?

   a) Sólo con mi pareja estable
   b) Con parejas eventuales
   c) Con prostitutas(os)
   d) Con personas con las que tengo relaciones de amistad
   e) Con personas desconocidas
   f) Otras. Cuáles:

   → Con qué personas se utiliza protección

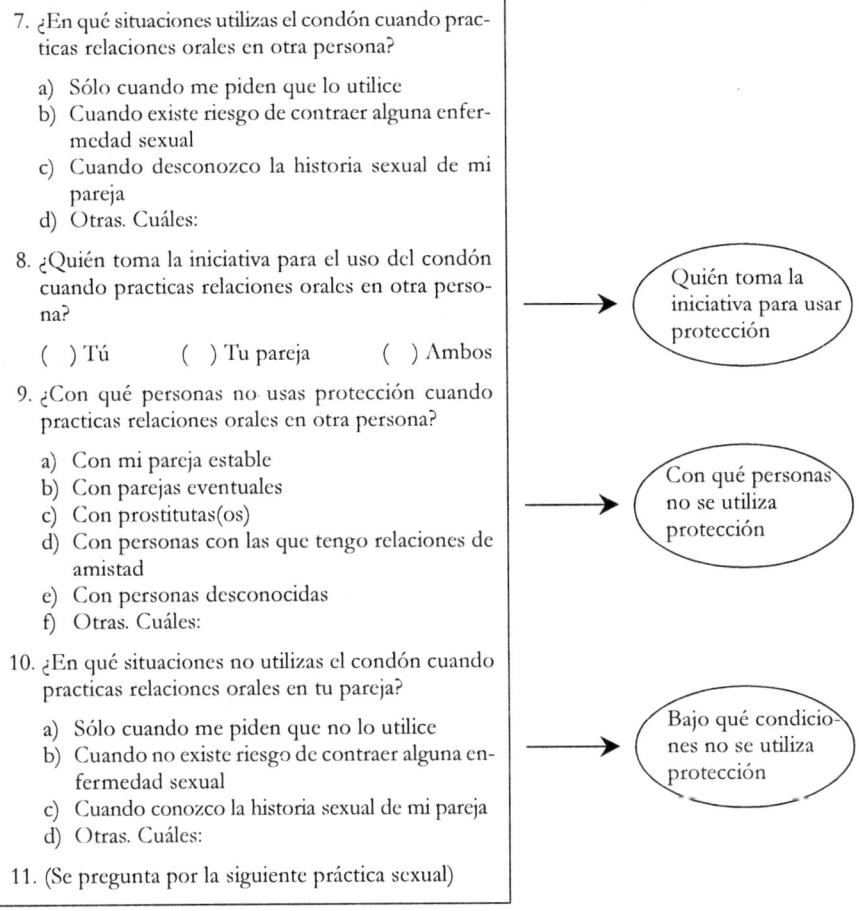

que esta opción sólo se incluyó en este tipo de relaciones; es obvio que en las prácticas de relaciones homosexuales, y relaciones anales insertivas o receptivas, no es pertinente incluirla como opción de respuesta. Sin embargo, las opciones tales como: "sólo cuando me piden que lo utilice", "cuando no existe riesgo de contraer alguna enfermedad sexual", "cuando conozco la historia sexual de mi pareja", estuvieron presentes en cada una de las prácticas evaluadas.

Otro de los componentes de la dimensión psicológica de la salud, que, desde la perspectiva de Bayés (1992a), Bayés y Ribes (1989) y Ribes (1990), debemos evaluar en los estudios sobre la prevención de problemas de salud son las competencias, concretamente, la historia de competencia de un individuo, que hace referencia a la capacidad adquirida por un individuo en el pasado para interactuar efectivamente con situaciones que demandan resultados (Ribes, 1990).

El objetivo de la evaluación de la historia de competencias está dirigido hacia la valoración de la capacidad de un individuo para interactuar efectivamente en determinado tipo de situaciones, en este caso aquellas que implican algún riesgo, y que como situaciones riesgosas demandarían que un sujeto mostrara comportamientos efectivos, en general aquellos que de alguna manera lo mantendrían funcionalmente alejado del riesgo.

Bayés y Ribes (1989) señalan los elementos que podrían ser indicadores de que un sujeto muestra comportamiento preventivo eficaz; en el Cuadro 4.1. se presenta de manera resumida dicha información.

Que pueda llevar a cabo el comportamiento preventivo eficaz implica dos cosas:

1. Que posea las competencias necesarias para
   - Reconocer comportamientos y situaciones de riesgo.
   - Reconocer cuáles son las señales o condiciones de estímulo que indican la proximidad de una situación de riesgo y por tanto practicar comportamientos preventivos.
   - Señalar consecuencias a corto y largo plazo que pueden derivarse de:
     Prácticas de comportamiento de riesgo.
     Prácticas de comportamiento preventivo.
   - Reconocer comportamientos preventivos eficaces:
   - Evitar comportamiento de riesgo.
   - Eliminar los elementos nocivos del comportamiento de riesgo.
   - Demorar comportamientos de riesgo hasta el momento en que puedan efectuarse sin peligro.
   - Practicar comportamientos incompatibles no peligrosos.
   - Practicar con habilidad comportamiento preventivo.

2. Que quiera llevarlo a cabo, donde se considera
   - Reporte de estados biológicos momentáneos (excitación, alcohol, drogas, fatiga, privación, etcétera, reporte de factores situacionales facilitadores o inhibidores, tales como atracción física, oferta gratuita de sexo o drogas.
   - Grado en que se siente capaz de practicar comportamientos preventivos con base en su experiencia y demandas actuales.

Cuadro 4.1 **Prácticas de comportamiento preventivo eficaz.**

La evaluación de estos elementos permite conocer la capacidad conductual adquirida de un individuo en interacciones pasadas y su consistencia en múltiples situaciones, y de esta manera juzgar si un individuo es competente frente a situaciones de riesgo. Por esta razón es necesario conocer si un individuo muestra comportamiento efectivo en una diversidad de situaciones que directa o indirectamente afectan su estado de salud.

En la tercera parte del instrumento de evaluación se presentan ítems que permiten explorar estos aspectos de las competencias funcionales. Se incluyen distintas situaciones de riesgo en las que se ejemplifican interacciones entre dos personas y en las que el sujeto debe reportar lo que ha hecho en situaciones semejantes. En cada una de ellas se presentan 14 opciones posibles, de las cuales el sujeto sólo debe responder a una, aquella que más se parezca a lo que experimentó en el pasado. En el Cuadro 4.2 se muestra una de las 11 situaciones que se incluyen en el cuestionario.

Ejemplo de una situación de riesgo

Situación: Te fuiste con tus amigos(as) de vacaciones a una playa conocida; había varias muchachas y muchachos de tu edad que tú no conocías. Cuando iniciaste una relación cercana con alguien, surgió la oportunidad de tener relaciones sexuales. En este caso, ¿qué fue lo que tú hiciste?

a. No he tenido ninguna experiencia semejante a ésta.
b. Sólo pensé que esto podía ser una situación de riesgo.
c. Pensé que el no conocer la historia sexual de esta persona era riesgoso.
d. Como no conocía la historia sexual de mi pareja lo mejor era usar el condón.
e. Sólo nos acariciamos porque no teníamos ningún tipo de protección.
f. Decidimos que mejor en otra oportunidad porque no teníamos protección.
g. Tuvimos este tipo de relación sexual usando protección.
h. Pensé que si no usaba protección podría contagiarme de alguna enfermedad de transmisión sexual.
i. Como hace tiempo que no tenía relaciones, decidí que era una buena oportunidad y las tuve.
j. No me sentía lo suficientemente atraído por mi pareja y no tuve relaciones.
k. Me sentía muy excitado, así que tuve las relaciones.
l. Como había bebido alcohol, tuve las relaciones sin pensar en usar protección.
m. Como estaba bajo los efectos de una droga, tuve las relaciones sin pensar en usar protección.
n. Otros. ¿Cuál?

Cuadro 4.2 Ejemplo de una situación de riesgo.

Es importante señalar que cada una de las opciones corresponde a alguno de los elementos del comportamiento preventivo eficaz evaluado, y aun cuando no se incluyen todos los propuestos se presentan la mayoría de éstos (vea Cuadro 4.3).

Opción	Respuesta textual	Comportamiento preventivo por:	Comportamiento preventivo por:	Comportamiento de riesgo por:
a)	No he tenido ninguna expderiencia semejante a ésta			
b)	Sólo pensé que esto podía ser una situación de riesgo	Reconocer situaciones de riesgo		
c)	Pensé que no conocer la historia sexual de esta persona era riesgoso	Reconocer comportamientos de riesgo		
d)	Como no conocía la historia de mi pareja, lo mejor era usar el condón	Reconocer señales de estímulo que indican proximidad de una situación de riesgo y realizar comportamiento preventivo		
e)	Sólo nos acariciamos porque no teníamos ningún tipo de protección	Practicar comportamientos incompatibles no peligrosos		
f)	Decidimos que mejor en otra oportunidad porque no teníamos protección	Demorar el comportamiento de riesgo		
g)	Usamos protección	Practicar con habilidad comportamiento preventivo		

Cuadro 4.3 Comportamiento preventivo o de riesgo que corresponde a cada uno de los incisos que se describen en las once situaciones que evalúan competencias funcionales.

Opción	Respuesta textual	Comportamiento preventivo por:	Comportamiento preventivo por:	Comportamiento de riesgo por:
h)	Pensé que si no usaba protección podría contagiarme de alguna enfermedad de transmisión sexual	Señalar consecuencias a corto o largo plazo que pueden derivarse de comportamientos de riesgo		
i)	Como hace tiempo que no tenía relaciones decidí que era una buena oportunidad y tuve las relaciones			Factores biológicos (privación de la relación sexual)
j)	No me sentía lo suficientemente atraído por mi pareja y no tuve relaciones		Factores biológicos momentáneos (no hay atracción	
k)	Me sentía muy excitado así que tuve las relaciones			Factores biológicos (excitación)
l)	Como había bebido alcohol tuve las relaciones sin pensar en usar protección			Factores biológicos momentáneos (consumo de alcohol)
m)	Como estaba bajo los efectos de una droga tuve las relaciones sin pensar en usar protección			Factores biológicos momentáneos (consumo de drogas)

El análisis cuidadoso de las respuestas de los sujetos frente a estas situaciones nos permite conocer de manera clara y precisa, si el sujeto es capaz de reconocer situaciones de riesgo, reducir o eliminar comportamientos de riesgo, mostrar comportamientos preventivos o reconocer las consecuencias a largo plazo de sus comportamientos. Además de lo anterior, de particular importancia resulta poder determinar el papel que juegan, en situaciones de riesgo, los factores biológicos tales como el uso de alcohol y drogas, ya que se ha demostrado que éstos son facilitadores de comportamientos riesgosos o inhibidores de comportamientos preventivos.

Este cuestionario se aplicó a estudiantes universitarios de distintas carreras, los resultados completos del estudio pueden consultarse en Robles (1999). Sin embargo, a continuación presentamos un resumen de los hallazgos más importantes que nos permiten ver el nivel de riesgo en el que se encuentran los estudiantes y las posibilidades de investigación e interpretación que pueden surgir de una concepción psicológica de la salud.

Resumen de la investigación realizada por Robles (1999) con estudiantes universitarios

El cuestionario arriba descrito se aplicó a una muestra de 2 254 estudiantes universitarios de seis carreras de la UNAM, 65.9% fueron mujeres y 34.1% hombres, con una edad promedio de 20.7 años. Se hicieron comparaciones respecto al género, semestre (segundo y octavo), carrera (Enfermería, Odontología, Psicología, Administración, Arquitectura y Derecho), tipo de carrera (salud *versus* no salud) y rangos de edad de los estudiantes en cada una de las variables evaluadas (conocimientos, prácticas sexuales y competencias funcionales). Los resultados más importantes indican que los estudiantes presentan un nivel aceptable de conocimientos (Media = 81% de respuestas correctas) en las áreas de Prevención, Transmisión y Sintomatología del VIH/Sida, siendo mayor el porcentaje en aquellos que estudian carreras de la salud. Respecto a las prácticas sexuales, se encontró que alrededor de 50% de la muestra sí ha tenido relaciones sexuales; de éstos es mayor el número de hombres que realizan el sexo anal insertivo, relaciones homosexuales, relaciones ocasionales y sexo en grupo, mientras que las mujeres practican más las relaciones orogenitales, el sexo anal receptivo y el uso de instrumentos de estimulación sexual.

La evaluación de las quince prácticas sexuales y de las variables complementarias descritas anteriormente, permitió identificar nueve parámetros de riesgo que, analizados de manera independiente, muestran cuántos sujetos caen en cada riesgo; la definición de cada uno de dichos parámetros se presenta en el Cuadro 14.

Los resultados más importantes respecto a este análisis muestran que 50% de los estudiantes sexualmente activos no usa protección, y que del otro 50% que sí lo utiliza lo hace de manera inconsistente. Se encontró, además, que la mayoría de los estudiantes tienen relaciones sexuales con

Parámetros de riesgo:

1. *Riesgo por diversidad:* está definido al considerar la diversidad de prácticas en las que un sujeto se involucra. Entre más prácticas sexuales lleve a cabo mayor será el riesgo de contagio del VIH.
2. *Riesgo por frecuencia de las prácticas:* en este parámetro se evalúa la frecuencia con la que se lleva a cabo cada práctica; las opciones son: esporádicamente, de 1 a 5 veces al mes, de 6 a 10 veces al mes, de 11 a 20 veces al mes y más de 20 veces por mes. Si responde a cualquiera de las cuatro últimas opciones se considera práctica de riesgo.
3. *Riesgo por no uso de protección:* se considera de riesgo si lleva a cabo la práctica sin usar protección.
4. *Riesgo por frecuencia de uso de protección:* se define considerando la frecuencia con la que se usa protección al tener cada práctica sexual; las opciones son: siempre que tengo relaciones sexuales, la mayoría de las veces, la mitad de las veces y casi nunca. Si responde a cualquier opción, excepto a la primera, se considera práctica de riesgo.
5. *Riesgo por situación de uso de protección:* se evalúa la situación general en la que se usa protección cuando lleva a cabo alguna práctica; las opciones son: cuando hay probabilidad de embarazo, sólo cuando me piden que lo utilice, cuando existe riesgo de contraer alguna enfermedad sexual, cuando desconozco la historia sexual de mi pareja, otras. Si responde a cualquiera de las dos primeras opciones se considera práctica de riesgo.
6. *Riesgo por iniciativa para usar protección:* se define considerando quién toma la iniciativa para usar protección al tener cualquier práctica sexual; las opciones son: tú, tu pareja, ambos. Si responde a la segunda opción se considera como práctica de riesgo.
7. *Riesgo por situación de no uso de protección:* se evalúa la situación general en la que no se usa protección; las opciones son: cuando no hay probabilidad de embarazo, cuando me piden que no lo utilice, cuando no existe riesgo de contraer alguna enfermedad sexual, cuando conozco la historia sexual de mi pareja, otras. Si responde a las dos primeras opciones se considera práctica de riesgo.
8. *Riesgo por tipo de pareja:* se analiza el tipo de persona con la que se lleva a cabo cada práctica; las opciones que se evalúan son: con la pareja estable, con parejas ocasionales, con prostitutas, con amistades, con personas desconocidas, otras. Responder a cualquier opción, excepto la pareja estable, se considera como práctica de riesgo.
9. *Riesgo por tipo de pareja con la que no se usa protección:* en este nivel de riesgo se evalúa el tipo de persona con la que no se usa protección; las opciones son: con mi pareja estable, parejas eventuales, prostitutas, amistades, personas desconocidas, otras. Cualquier opción que se responda se considera de riesgo.

Cuadro 4.4 Parámetros de riesgo.

su pareja estable, y es con ésta con la que no usan protección; cuando tienen relaciones ocasionales sí usan el condón.

Sin embargo, las combinaciones específicas de una práctica sexual con algunos de los parámetros evaluados, permitió llevar a cabo un análisis condicional que se tradujo en seis formas distintas de comportarse, las que se denominaron perfiles de riesgo. Las prácticas que se consideraron para este análisis fueron: tener relaciones sexuales (relaciones coitales penetración pene/vagina), sexo oral pasivo, sexo oral activo, sexo anal insertivo (relaciones anales activas) y sexo anal receptivo (relaciones anales pasivas), por ser las prácticas en las que existe mayor posibilidad de contagio del VIH. El Cuadro 4.5 muestra la combinación de parámetros que definieron los distintos perfiles de riesgo.

Por otra parte, el análisis de los factores que median el comportamiento de riesgo indicó que en 30% de los estudiantes que respondieron a las preguntas correspondientes, su comportamiento de riesgo estaba mediado por factores situacionales y biológicos, como la oferta de una persona atractiva y el consumo de alcohol o drogas, entre otros. Asimismo, se observó un porcentaje muy bajo de estudiantes que demoran el comportamiento de riesgo o que identifican consecuencias a corto y largo plazo derivadas de la práctica de comportamientos de riesgo.

El análisis de estos elementos resulta de particular importancia en el campo de la evaluación porque permite conocer los perfiles más comunes que se presentan en cierto tipo de población, pero más aún, porque proporciona información acerca de las formas y circunstancias concretas bajo las cuales los individuos se comportan sexualmente y que finalmente lo pueden llevar a un estado de salud o enfermedad.

Conclusiones

El modelo psicológico de la salud del cual hemos partido, actualmente constituye una propuesta que demuestra su capacidad para generar hipótesis de investigación y permite orientar los esfuerzos hacia la evaluación y el desarrollo de programas de prevención de comportamientos de riesgo. Sin embargo, como producto de las investigaciones que se realicen para evaluar su efectividad, debe ofrecer, de acuerdo con Bayés (1992a), alguna ventaja adicional sobre los modelos alternativos existentes.

En este sentido, este modelo psicológico de la salud requiere del diseño de instrumentos que permitan evaluar la efectividad de los ele-

Perfil de riesgo	Combinación de parámetros
1	Realizar la práctica: • Con parejas que no sean la estable • Sin usar protección
2	Realizar la práctica: • Con parejas que no sean la estable • Usando protección • Usar protección para evitar embarazo o porque le piden utilizarlo
3	Realizar la práctica • Con parejas que no sean la estable • Usando protección • Con frecuencias bajas de uso de protección
4	Realizar la práctica • Con la pareja estable • Sin usar protección
5	Realizar la práctica • Con la pareja estable • Usando protección • Usar protección para evitar embarazo o porque le piden utilizarlo
6	Realizar la práctica • Con la pareja estable • Usando protección • Con frecuencias bajas de uso de protección

Cuadro 4.5 Perfiles de riesgo.

mentos que lo integran y, de esta manera, iniciar el trabajo para poder determinar los perfiles de riesgo que deben ser modificados para desarrollar comportamientos preventivos eficaces. Los resultados de las investigaciones realizadas bajo esta perspectiva deben generar información efectiva para diseñar programas interdisciplinarios de prevención del VIH/Sida. Pensamos que la prevención, no sólo del Sida, sino de cualquier tipo de enfermedad, no puede darse en un nivel social, de grupo, si no es mediante el trabajo conjunto de los distintos sectores que conforman una sociedad.

En este sentido, primeramente debe señalarse el nivel de participación de las diferentes disciplinas en la prevención del problema y después diseñar las formas específicas en que coordinadamente deben participar para lograr programas de prevención efectivos. Por ejemplo, en el caso del VIH/Sida, se debe delimitar el campo de acción del biólogo, del médico, del psicólogo, del sociólogo, del economista, de los medios de comunicación y difusión y, evidentemente, tener claras las políticas generales del sector salud que reglamentan la actuación de los profesionales; cada uno deberá proporcionar información derivada de las investigaciones que en su propio campo de estudio se han realizado orientadas hacia el problema del VIH/Sida.

En este sentido, debe formarse un equipo de trabajo interdisciplinario, no multidisciplinario, en donde conjuntamente coordinen las acciones que, desde el punto de vista de cada uno, resulten importantes para el diseño e implantación de un programa de prevención de este mal del siglo. Esta es una labor difícil de realizar, justamente por la falta de una cultura sobre el trabajo interdisciplinario efectivo. El psicólogo por sí mismo no puede generar un programa de prevención del Sida a nivel comunitario, forzosamente requeriría del conocimiento de otras disciplinas para poder hacerlo de manera efectiva. Además, para que funcione un estrategia nacional de promoción de la salud, deben cumplirse las condiciones señaladas en la Carta de Ottawa (1986) y, desde nuestro punto de vista, todavía falta mucho camino por recorrer.

Lo que sí puede hacer el psicólogo en el campo de la salud, con base en la investigación aplicada, es generar acciones específicas que, desde su propia perspectiva, deben contemplarse para lograr cambios en los comportamientos de riesgo de la población meta.

En el caso particular del modelo psicológico de la salud, deben generarse, en primera instancia, investigaciones que permitan evaluar su efectividad para lograr cambios en los comportamientos de riesgo a comportamientos preventivos y permanentes. Es claro que este modelo no tiene la historia de investigación que ha caracterizado a los modelos de creencias de salud, de la acción razonada, y otros, y es probable, como lo señala Bayés (1992a), que sea un modelo parcial, confuso e insatisfactorio, pero con él se pueden conseguir pequeños avances en los objetivos que se propone: lograr en los individuos comportamientos instrumentales de prevención eficaces y baja vulnerabilidad (Bayés y Ribes, 1989). De acuerdo con lo anterior, podemos señalar, a manera de conclusión, lo siguiente:

A pesar de la gran literatura empírica que hay sobre distintos modelos de salud, no hay claridad acerca de que ciertos modelos son más precisos que otros, de que ciertas variables influyen más que otras, o de que ciertas conductas o situaciones son más entendibles que otras. El modelo psicológico de la salud aquí descrito tiene la ventaja de considerar las variables cognitivas propuestas como centrales en los modelos cognitivo-conductuales, pero además, bajo un sustento teórico definido, permite abordar la prevención de conductas de riesgo para la salud a través del análisis de lo que el individuo concretamente hace bajo circunstancias específicas.

El modelo de salud propuesto en este trabajo como una alternativa para la prevención de problemas de salud, constituye justamente una propuesta que debe ser evaluada. No se puede llegar a la conclusión de que este modelo sea mejor que los descritos bajo la teoría cognitivo-conductual, si no es por medio de la investigación empírica que pueda desarrollarse en este sentido. Por lo tanto, nos queda un largo camino por recorrer a los investigadores que estamos interesados en resolver la incógnita sobre la incongruencia entre lo que la gente conoce, percibe o cree, y la forma en la que realmente se comporta para lograr una vida saludable.

Bibliografía

Abraham, C. y Sheeran, P. (1994). "Modeling and Modifying young Heterosexual HIV-preventive Behavior; a Review of Theories, Findings and Educational Implications", *Patient Education and Counseling*, 23(3), 173-186.

Abraham, C., Sheeran, P. y Orbell, S. (1998). "Can social Cognitive Models Contribute to the Effectiveness of HIV-Preventive Behavioural Interventions? A Brief Review of the Literature and a Reply to Joffe (1996; 1997) and Fif-Schaw (1997)". *British Journal of Medical Psychology*, 71(3), 297-310.

Adamchak, D., Mbizvo, M. y Tawanda, M. (1990). "Male Knowledge of and Attitudes and Practices Towards AIDS in Zimbabwe". *AIDS*, 4(3), 245-250.

Alfaro, M.L. y Díaz, L.R. (1994). "Factores psicosociales y conductas sociales que predicen el uso del condón en estudiantes sexualmente activos. Asociación Mexicana de Psicología Social". *La Psicología Social en México*, 5.

Alfaro, M.L., Rivera, A.S. y Díaz, L.R. (1991). "Actitudes y conocimientos hacia el Sida en adolescentes". *Revista Intercontinental de Psicología y Educación*, 4(2), 151-165.

Alfaro, M.L., Rivera, A.S. y Díaz, L.R. (1992). "Actitudes y conocimientos hacia la sexualidad y Sida en estudiantes de preparatoria. Asociación Mexicana de Psicología Social". *La Psicología Social en México*, 4, 95-100.

Arranz, P. y Bayés, R. (1988) "Sida y prevención: un enfoque multidisciplinario". *JANO, Medicina y Humanidades*, 34, 1326-1335.

Bandura, A. (1977). "Self-efficacy: Toward a Unifying Theory of Behavioral Change". *Psychological Review*, 84, 191-215.

Bandura, A. (1986). *Social Foundations of Thought and Action*. Englewood Cliffs. Nueva York: Prentie-Hall.

Basen-Engquist, K. (1992). "Psychosocial Predictors of Safer Sex Behaviors in Young Adults". *AIDS. Education and Prevention*, 4(2), 120-134.

Bayés, R. (1989). "La prevención del Sida". *Cuadernos de Salud*, 2, 45-55.

Bayés, R. (1992a). "Variaciones sobre un modelo de prevención de enfermedad y su aplicación al caso del Sida". *Acta Comportamentalia*, 0, 33-50.

Bayés, R. (1992b). "Aportaciones del análisis funcional de la conducta al problema del Sida". *Revista Latinoamericana de Psicología*, 24(1-2), 35-56.

Bayés, R. (1994). "Sida y psicología: realidad y perspectivas". *Revista de Psicología General y Aplicada*, 47(2), 125-127.

Bayés, R. y Arranz, P. (1988). "Las variables psicológicas como cofactores del síndrome de inmunodeficiencia adquirida". *JANO, Medicina y Humanidades*, 34, 1313-1322.

Bayés, R. y Ribes, E. (1989). "Un modelo psicológico de prevención de enfermedad: su aplicación al caso del Sida". *Papeles del Psicólogo*, 41-42, 122-125.

Becker, M.H. (Ed.). (1974). "The Health Belief Model and Personal Health Behavior". *Health Education Monographs*, 2(4).

Brody, S. (1995). "Lack of Evidence for Transmission of Human Immunodeficiency Virus Through Vaginal Intercourse". *Archives of Sexual Behavior*, 24(4), 383-393.

Brown, L.K., DiClemente, R.J. y Reynolds, L.A. (1991). "HIV Prevention for Adolescents: Utility of the Health Belief Model". *AIDS. Education and Prevention*, 3(1), 50-59.

Bruhn, J.G. (1983). "The Application of Theory in Childhood Asthma Self-help Programs". *Journal of Allergy and Clinical Immunology*, 72(5), 561-577.

Cáceres, C.F., Roscano, A.M., Muñoz, S., Rotuzzo, E., Mandel, J. y Hearst, N. (1992). "Necesidades educativas en relación con la sexualidad humana y el Sida entre estudiantes y profesores de escuela secundaria en Lima". *Revista Latinoamericana de Psicología*, 24(1-2), 109-124.

Carta de Ottawa (1986). Conferencia Internacional sobre la Promoción de la Salud: hacia un nuevo concepto de la Salud Pública, Asociación Canadiense de Salud Pública. Otawa. Canadá.

Cassidy, C.A. (1997). "Facilitating Behavior Change. Use of the Transtheoretical Model in the Occupational Health Setting". *AAOHN Journal*, 45(5), 239-246.

Cohen, M.S. y Miller, W.C. (1998). "Sexually Transmitted Diseases and Human Immunodeficiency Virus Infection: Cause, Effect, or Both?". *International Journal of Infectious Diseases*, 3(1), 1-4.

Díaz, L.R. y Alfaro, L. (1995). "Factores psicosociales relacionados con el contagio del VIH en estudiantes de preparatoria". *Revista Interamericana de Psicología*, 29(2), 215-226.

Díaz, L.R. y Rivera, S. (1992). "Percepción y autopercepción de riesgo ante el contagio del VIH en estudiantes universitarios". *Investigación Psicológica*, 2(1), 27-38.

Díaz-González, E., Rodríguez, L. y Nava, C. (1998). "El papel de las competencias en personas valoradas como alcohólicas". *Revista de Psicología Contemporánea*, año 5, 5(1), 16-27.

DiClemente, R., Forrest, K. y Mickler, S. (1990). "College Students=Knowledge and Attitudes About AIDS and Changes in HIV-preventive Behaviors". *AIDS. Education and Prevention*, 2(3), 201-212.

Dilorio, C., Parsons, M., Lehr, S. y Adame, D. (1993). "Knowledge of AIDS and Safer Sex Practices Among College Freshmen", *Public Health Nursing*, 10(3), 159-165.

Edwards, S. y Carne, C. (1998). "Oral Sex and the Transmission of Viral STIs". *Sexually Transmitted Infections*, 74(1), 6-10.

Fielstein, E.M. y Hazlewood, M.G. (1992). "AIDS Knowledge Among Collee Freshmen Students: Need for Education?" *Journal of Sex Education and Therapy*, 18(1), 45-54.

Fishbein, M. y Ajzen, Y. (1975). *Belief, Attitude, Intention and Behavior: An Introduction to Theory and Research*. Reading, M.A., Addison-Wesley.

Fitzgerald, S.T. (1991). "Self-Efficacy Theory: Implications for the Occupational Health Nurse". *AAOHN. Journal*, 39(12), 552-557.

Flores, M.G. y Díaz, L.R. (1992). "Actitudes hacia la salud, enfermedad y Sida. Asociación Mexicana de Psicología Social". *La Psicología Social en México*, 4, 83-88.

Flores, M.G. y Díaz, L.R. (1994). "Locus de control, asertividad y comunicación en la prevención del Sida. *La Psicología Social en México*, 5.

Hays, O. y Hays, J.R. (1992). "Students Knowledge of AIDS and Sexual Risk Behavior". *Psychological Reports*, 71(2), 649-650.

Hollar, D. y Snizek, W. (1996). "The Influences of Knowledge of HIV/AIDS and Self-esteem on the Sexual Practices of College Students". *Social Behavior and Personality*, 24(1), 75-86.

Jadack, R., Hyde, J. y Keller, M. (1995). "Gender Risk and Knowledge about HIV, Risky Sexual Behavior, and Safer Sex Practices". *Research in Nursing and Health*, 18(4), 313-324.

Jemmott, J.B., Sweet, L.S. y Fong, G.T. (1992). "Reduction in HIV risk-associated Sexual Behaviors among Black Male Adolescents: Effects of an AIDS Prevention Intervention". *American Journal of Public Health*, 82, 372-377.

Kantor, J.R. (1967). *Interbehavioral Psychology*. Ganville. Ohio: Principia Press.

Kelly, J., Sikkema, K., Winnet, R., Solomon, L., Roffman, R., Hechman, T., Stevenson, Y., Perry, M., Norman, A. y Desiderato, L. (1995). "Factors Predicting Continued High-risk Behavior, and Demographic Characteristic Related to Unsafe Sex". *Journal of Consulting and Clinical Psychology*, 63(1), 101-107.

Kelly, J.A., Lawrence, J., Hood, H. y Brasfield, T. (1989). "An Objective Test of AIDS Risk Behavior Knowledge Scale Development Validation and Norms". *Journal of Behavior Therapy and Experimental Psychiatry*, 20(3), 227-234.

Kelly, J.A., Lawrence, J.S., Brasfiel, T.L., Lemke, A., Amidei, T., Roffman, R.E., Hood, H.V., Smith, J.E., Kilgore, H., y McNeill, Ch. (1990). "Psychological Factors that Predict AIDS High-risk *versus* AIDS Precautionary Behavior". *Journal of Consulting and Clinical Psychology*, 58(1), 117-120.

Kornblit, A.L. (1997). "Sida y ETS: qué se ha hecho y qué se debe hacer". Trabajo presentado en el IV Congreso Latinoamericano de Ciencias Sociales y Medicina, del 2 al 6 de junio. Cocoyoc, Mor., México.

Lauver, D. (1992). "A theory of Care-seeking Behavior". *The Journal of Nursing Scholarship*, 24(4), 281-287.

Lee, Y.O. (1993). "Health Promotion. Instrument Development for the Application of the Theory of Planned Behavior". *Kanhohak Tamgu*, 2(2), 102-117.

Magis, R.C., Ruiz, B.A., Bravo, E., Ortiz, R., Silva, B. y Uribe, Z. (1998). "La investigación sobre VIH/Sida en México: 1984-1996". Informe presentado por CONASIDA en Internet: *http:\www.ssa.gob.mx/conasida*, febrero 15 de 1998.

Mahoney, C.A., Thombs, D.L. y Ford, O.J. (1995). "Health Belief and Self-efficacy Models: their Utility in Explaining College Student Condom Use". *AIDS. Education and Prevention*, 7(1), 32-49.

Marlenga, B. (1995). "The Health Beliefs and Skin Cancer Prevention Practices of Wisconsin Dairy Farmers". *Oncology Nursing Forum*, 22(4), 681-686.

Martínez, M.T. y Sánchez, M.L. (1998). "Confiabilización de un instrumento para evaluar competencias en sujetos valorados como alcohólicos". Tesis Profesional de Psicología, Facultad de Estudios Profesionales Iztacala, UNAM.

Maticka, T., Kiewying, M., Haswell, E. y Kuyyakanond, T. (1994). "Knowledge, Attitudes and Beliefs about HIV/AIDS Among Women in Northeastern Thailand". *AIDS. Education and Prevention*, *6*(3), 205-218.

McCormack, A., Anderton, J. y Barbieri, T. (1993). "Gender, HIV Awareness and Prevention Among College Students". *College Student Journal*, *27*(4), 514-522.

Micher, C.J. y Silva, B.J. (1997). "Nivel de conocimientos y prácticas de riesgo para enfermedades de transmisión sexual (ETS)". *Revista Sida-ETS*, 3(3), 68-73.

Millstein, S., Moscicki, A. y Broering, J. (1994). "Female Adolescents at High, Moderate, and Low Risk of Exposure to HIV: Differences in Knowledge, Beliefs, and Behavior". *Journal of Adolescent Health*, *15*(2), 133-141.

Moore, S. y Rosenthal, D. (1991). "Adolescent Invulnerability and Perceptions of AIDS Risk". *Journal of Adolescent Research*, *6*(2), 164-180.

Mulvihill, C.K. (1996). "AIDS Education for College Students: Review and Proposal for a Research-based Curriculum". *AIDS Education and Prevention*, *8*(1), 11-25.

Odriozola, U.A. e Ibáñez, B.B. (1992). "Actitudes y conducta sexual en estudiantes universitarios. Asociación Mexicana de Psicología Social". *La Psicología Social en México*, 4, 123-134.

OMS (1988). "Directrices para el establecimiento de un programa nacional de prevención y lucha contra el Sida". Ginebra. Organización Mundial de la Salud. *Serie OMS sobre el Sida*, núm. 1.

OMS (1990a). "Vigilancia de los programas nacionales de prevención y lucha contra el Sida. Principios rectores". Ginebra. Organización Mundial de la Salud. *Serie OMS sobre el Sida*, núm. 4.

OMS (1990b). "Fomento de la salud contra el Sida". Ginebra. Organización Mundial de la Salud. *Serie OMS sobre el Sida*, núm. 5.

OPS (1989). *Sida: perfil de una epidemia*. Organización Panamericana de la Salud.

Páez, D., Ubillos, S., Pizarro, M. y León, M. (1994). "Modelos de creencias de salud y de la acción razonada aplicados al caso del Sida". *Revista de Psicología General y Aplicada*, *47*(2), 141-149.

Parcel, G.S. (1984). "Theoretical Models for Application in School Health Education Research". *Journal of School Health*, *54*(6), 39-49.

Passannante, M.R., French, J. y Louria, D.B. (1993). "How Much do Health Care Providers Know About AIDS?". *American Journal of Preventive Medicine*, *9*(1), 6-14.

Piña, J.A. (1988). "El papel de la psicología en la prevención del Sida: el trabajo comunitario". *La Psicología Social en México*, 2, 291-296.

Piña, J.A., Duarte, L. y Guzmán, A.C. (1992). "El comportamiento como categoría psicológica frente al Sida". *Revista de Psicología Social y Personalidad*, 7(2), 91-99.

Piña, J.A., Márquez, Y. y Vera, J.A. (1992). "Información *per se* versus información como capacidad: implicaciones para la prevención del Sida". *La Psicología Social en México*, *4*, 135-140.

Preciado, J. y Montesinos, L. (1992). "El Sida: desafíos para la psicología". *Revista Latinoamericana de Psicología*, *24*(1-2), 177-187.

Ribes, E. (1990). *Psicología y salud: un análisis conceptual*. Barcelona: Martínez Roca.

Ribes, E. y López, F. (1985). *Teoría de la conducta: un análisis de campo y paramétrico*. México: Trillas.

Rivera, A. y Díaz, L.R. (1994). "Actitudes, norma subjetiva y creencias en relación con el uso del condón". *La Psicología Social en México*, *5*,

Robles, S. (1999). "Evaluación de conocimientos y prácticas sexuales relacionadas con el VIH/Sida en estudiantes universitarios". Tesis de Maestría. Facultad de Estudios Profesionales Iztacala, UNAM.

Robles, S. y Moreno, D. (1998). "Los estudiantes universitarios y el Sida: un análisis sobre sus conocimientos y prácticas sexuales". *Revista de Psicología y Ciencia Social*, 2(2), 16-27.

Rosenstock, I.M. (1974). "Historical Origins of the Health Belief Model". *Health Education Monographs*, *2*(4), 328-335.

Rosenstock, I.M., Strecher, V.J. y Becker, M.H. (1988). "Social Learning Theory and the Health Belief Model". *Health Education Quarterly*, *15*(2), 175-183.

Sabogal, F., Sandlin, G., Reyes, R. Aguirre, V., Bregman, G. y Lemp, G. (1992). "Hombres latinos *gays* y bisexuales: una comunidad de alto riesgo del VIH/Sida". *Revista Latinoamericana de Psicología*, *24*(1-2), 57-70.

Salazar, M.K. (1991). "Comparison of Four Behavioral Theories. A Literature Review". *AAOHN Journal*, *39*(3), 128-135.

Salazar, M.K. (1995). "Dealing with Hypertension: Using Theory to Promote Behavioral Change". *AAOHN Journal*, *43*(6), 313-318.

Sawyer, R.G. y Moss, D.J. (1993). "Sexuality Transmited Disseases in College Men: a Preliminary Clinical Investigation". *Journal of American College Health*, 42(4), 111-115.

Schwarzer, R. y Fuchs, R. (1995). "Self-Efficacy and Health Behaviours". En: M. Conner y P. Norman (eds.). *Predicting Health Behaviour: Research and Practice with Social Cognition Models*. Buckingham: Open University Press.

Skinner, B.F. (1938). *The Behavior of Organisms*. Nueva York: Appleton Century Crofts.

Torres, C.C. (1994). "Aplicación de un modelo psicológico de salud biológica al problema del Sida". Tesis profesional de Psicología. Guadalajara, Jalisco. Universidad de Guadalajara.

Villagrán, V.G. y Díaz, L.R. (1992). "Conocimientos sobre SIDA, prácticas sexuales y actitudes y creencias hacia el uso del condón en estudiantes universitarios". *Revista Mexicana de Psicología*, *9*(1), 25-40.

Villagrán, V.G., Cubas, C.E., Díaz, L.R. y Camacho, V.M. (1990). "Prácticas sexuales, conductas preventivas y percepción de riesgo de contraer Sida en estudiantes. Asociación Mexicana de Psicología Social". *La Psicología Social en México*, 3, 305-309.

Walter, H., Vaughan, R., Gladis, M., Fish, D, Kasen, S. y Cohall, A. (1992). "Factors Associated with AIDS Risk Behaviors Among High School Students in an AIDS Epicenter". *American Journal of Public Health*, *82*(4), 528-532.

Weinstein, N.D. (1993). "Testing four Competing Theories of Health-protective Behavior". *Health Psychology*, *12*(4), 324-333.

Weinstein, N.D., Rothman, A.J. y Sutton, S.R. (1998). "Stage Theories of Health Behavior: Conceptual and Methodological Issues". *Health Psychology*, *17*(3), 290-299.

Yep, G.A. (1993). "HIV Prevention Among Asian-Amerian College Students: Does the Health Belief Model Work?". *Journal of American College and Health*, *41*(5), 199-205.

Zimmerman, R.S. y Olson, K. (1994). "AIDS-related Risk Behavior and Behavior Change in a Sexually Active, Heterosexual Sample: a test of three Models of Prevention". *AIDS. Education and Prevention*, *6*(3), 189-204.

5

Evaluación de actitudes de género en experiencias educativo terapéuticas interdisciplinarias

Ma. Teresa González Uribe
Guadalupe Hernández Cortés,
UNAM, FES-*Iztacala*

Para ubicar el marco teórico en que se presentan los estudios de género hemos incluido en este capítulo una revisión de las principales definiciones del concepto "género" para concluir con una elaborada por nosotras. Realizamos una síntesis histórica del desarrollo de los estudios de género en la ciudad de México, que abarca el momento de inicio del Programa Interdisciplinario de Estudios de Género (PIEG) en la FES-Iztacala, posteriormente analizamos las categorías que refiere la psicología, el desarrollo y la educación en relación con los estudios de género. Luego revisamos los estudios preliminares que dan cuenta de cómo se han evaluado las actitudes de género en psicología. Por último presentamos algunas investigaciones que muestran el trabajo de evaluación y las principales aportaciones del PIEG en la FES Iztacala, que señalan la importancia de la evaluación en la actualidad para afrontar la inequidad y, en alguna medida, sus efectos en el desarrollo humano. Todo ello con la finalidad de dar a conocer los avances más relevantes como contribución al desarrollo del área.

Definición del concepto de género

El estudio de una disciplina en relación con los estudios de género, requiere de conceptos y definiciones que faciliten su comprensión. Los diversos conceptos que incluyen al "género" definidos por la psicología del desarrollo y la educación que pueden encontrarse en los textos de esta disciplina, son: tipificación sexual, socialización diferencial, aprendizaje discriminativo, identidad de género, papeles de género, argumento de vida, guión vital, subjetividad femenina, masculina o neutra; poder en las relaciones de género; prestigio y posición social, económica y cultural.

Estos conceptos han aportado categorías centrales en cada una de las orientaciones (cognoscitivismo, teorías del aprendizaje, psicoanálisis, entre otras); los estudios de género han encontrado similitudes de fondo que van más allá de las aparentes diferencias conceptuales, ya que en esencia todas las teorías aportan conocimientos que buscan comprender las diferencias de género, y explicar las inequidades implícitas. Las definiciones que abajo citamos son el resultado de esa evolución de conceptos.

El sistema sexo-género es el conjunto de arreglos a partir de los cuales una sociedad transforma la sexualidad biológica en productos culturales de la actividad humana, como un conjunto de normas a partir de las cuales la materia cruda del sexo humano y de la procreación es moldeada por la intervención social, y satisfecha de una manera convencional sin importar que tan extraña resulte a otros ojos (Rubin, 1975)

Género es la organización social del prestigio en términos de las nociones culturales que regulan los aspectos de las relaciones sociales entre los sexos. Los sistemas de prestigio de género son parte del orden político, económico y social (como el parentesco y el matrimonio), están entretejidos con las construcciones culturales de género, es decir el sistema de género es primero un sistema de prestigio (Ortner y Whitehead, 1981).

La antropología y la psicología feministas acuñan el concepto "género", para distinguir las formaciones culturales (socialización) de la formación *natural* (nacer con genitales de macho o hembra) y por ese sólo hecho adjudicar derechos, obligaciones, conductas y características *per se* para los hombres y las mujeres. La categoría género se constituye a partir del análisis del orden de la realidad, en un problema de conocimiento, cuyo objetivo es describir, comprender y explicar cómo, dónde, desde cuándo y por qué las mujeres están subordinadas (Lamas, 1986).

El género es un elemento constitutivo de las relaciones sociales basadas en las diferencias que distinguen a los sexos es una forma primaria de relaciones significantes de poder (Conway, Boruque y Scott, 1987).

La noción de género abarca todo lo referente a las relaciones sociales basadas en la diferencia sexual: relaciones de poder cuya característica esencial es el dominio masculino. La teoría de género abarca los planteamientos teóricos, metodológicos, filosóficos, éticos y políticos necesarios para comprender el complejo de relaciones de poder que determinan la desigualdad entre hombres y mujeres (Cazés, 1998).

Como podrá verse, a lo largo de los años se ha precisado esta categoría agregando elementos al análisis; asimismo podemos observar la intervención de científicos tanto del sexo femenino como del masculino. Con base en todas las aportaciones anteriores proponemos una definición integradora: la categoría género se refiere al sistema de normas a partir de las cuales la sociedad regula, interviene y transforma las relaciones sexuales-sociales de poder, económicas y de prestigio, en productos culturales a partir de los cuales se ordena la realidad inequitativa para los sexos y cuya característica esencial es el dominio masculino.

Los estudios de género se han propuesto realizar planteamientos teóricos y metodológicos para describir, comprender y explicar cómo, dónde, desde cuando y el porqué de la inequidad en las oportunidades para el desarrollo, de ahí que sean esencialmente multidisciplinarios, interdisciplinarios y transdisciplinarios, ya que sólo con una visión de este tipo comprenderemos y transformaremos el complejo de las relaciones que implican el sistema sexo-género (Hernández y González, 1999).

La ubicación de los estudios de género dentro de un contexto científico sirve para desentrañar las razones que sustentan y justifican las relaciones inequitativas entre los hombres y las mujeres, con el propósito de hacer que la injusta distribución de oportunidades para el desarrollo de la población femenina se revierta.

En el caso de la psicología educativa y del desarrollo humano, los estudios de género proporcionan una amplia área de investigación y acción para identificar los problemas que requieren estrategias de intervención de la psicología. Esta disciplina cuenta con diversas herramientas metodológicas para diseñar estrategias de intervención (en este capítulo se presentan los talleres en estudios de género) no sólo para satisfacer la curiosidad intelectual de los investigadores, sino también para abordar los problemas generados por la acción humana. Esto significa que la orientación fundamental de la Psicología es de naturaleza aplicada. Su propósito es aprovechar la información obtenida hasta ahora, como una guía para nuestras propias vidas, la de nuestras familias y comunidades.

Resumen histórico del desarrollo de los estudios de género

Desde finales de la década de los 1960 se incrementó el interés científico por analizar las condiciones sociales, políticas, jurídicas y culturales que sustentan aun en la actualidad las inequidades debidas al género, en la población femenina del mundo, por lo que se formaron círculos de estudio sobre las condiciones de vida de las mujeres en las diversas instituciones y situaciones de vida cotidiana; estos grupos de trabajo generaron una gran cantidad de investigaciones y programas docentes sobre el tema y proliferaron principalmente en Estados Unidos y Europa.

A partir de 1975, con la realización en México de la "Conferencia Internacional de la Mujer", convocada por la Organización de las Naciones Unidas, este campo de conocimiento cobró un notable impulso en el país, ya que hizo visible la actividad que estaban realizando las mexicanas. Se sistematizaron los estudios realizados desde diferentes disciplinas sociales y humanísticas, que contribuyeron a despertar el interés por un nuevo enfoque sobre el estudio del ser humano que incluyera a la mujer y tuviera un enlace directo con la realidad política, económica y social, y planteó la necesidad de definir, organizar y asentar sobre bases permanentes el estudio de la mujer (Urrutia, 1986).

Como resultado de estos estudios, fue inminente aclarar en qué bases se sustentaban las teorías económicas y sociales para mantener un estado inequitativo de las relaciones de poder entre los sexos; al inicio fueron explicadas a partir de la teoría económica y política de Marx y Engels, de sus conceptos fundamentales sobre los modos de producción y la lucha de clases. Sin embargo fue preciso ahondar más allá de los modos de producción y las disimilitudes de clase, etnia, color, afinidad política o religiosa ya que se encontraban desigualdades específicas según el sexo y la percepción que las personas tenían de sí mismas.

Los estudios de género son un área de conocimiento original porque aun cuando la desigualdad en las relaciones sociales ya había sido estudiada por múltiples autores en las áreas de ciencias sociales y humanidades, no se habían aplicado a la condición de la mujer; referían la opresión de ella, pero su análisis no la explicaba y por lo tanto no daban elementos para su resolución. Como consecuencia, distintos grupos de mujeres interesadas en la investigación del hecho femenino, los han impulsado a escala internacional, y también en nuestro país en el ámbito institucional o en organizaciones independientes (Organizaciones No Gubernamentales u ONGS), en infinidad de programas de estudio de la mujer y los géneros, de entre ellos podemos enumerar los siguientes:

- En México, Alaíde Foppa inició en la UNAM, en 1974, la cátedra de Sociología de las Minorías, en la Facultad de Ciencias Políticas y

Sociales; posteriormente a la desaparición de Alaíde Foppa, Teresita de Barbieri se hizo cargo de la cátedra.
- La Facultad de Filosofía y Letras con los antecedentes de Rosario Castellanos inició la cátedra sobre Filosofía Contemporánea: "Estudios de la Mujer".
- En la Facultad de Psicología en 1980, se constituyó el Centro de Estudios de la Mujer (CEM) con la coordinación de Olga Bustos.
- El Programa Universitario de Estudios de Género (PUEG) inicia sus actividades en 1992, con la coordinación de Graciela Hierro, para reunir los distintos esfuerzos surgidos en todas las instancias de la UNAM.
- En otras instituciones como la Escuela Nacional de Antropología e Historia (ENAH), Elí Bartra imparte en 1976, el curso "Ideología y Formación Social".
- El Centro de Estudios Económicos y Sociales del Tercer Mundo, por intermediación de Aída Reboredo creó el Departamento de Estudios de la Mujer en 1982, en la Unidad Xochimilco de la Universidad Autónoma Metropolitana (UAM), actualmente cuenta con un posgrado integrado por especialización y maestría en Estudios de la Mujer y un área de concentración en el doctorado en Ciencias Sociales que se denomina Mujer y relaciones de género.
- Dentro del Colegio de México se abrió el Programa Interdisciplinario de Estudios de la Mujer (PIEM) en 1983, con la dirección de Elena Urrutia; actualmente se imparten una especialización, un diplomado y un programa de financiamiento para investigaciones en estudios de la mujer.
- Se desarrolla exitosamente a partir de los años noventa el Área de género: Mujer rural en el Colegio de Posgraduados de la Universidad de Chapingo, con la coordinación de Emma Zapata.[1]
- En el marco de un sinnúmero de universidades y centros de estudios superiores con programas de investigación, departamentos específicos sobre el estudio de las mujeres y los géneros, el 22 de noviembre de 1982, un grupo de profesoras coordinado por Guadalupe Hernández, se reunió en la entonces Escuela Nacional de Estudios Profesionales Iztacala (FESI), de la UNAM y creó un foro

---

[1] Notas obtenidas del Simposio Internacional "Género y Educación Superior en México, Reino Unido y Estados Unidos", celebrado por el Consejo Británico el 17 y 18 de noviembre de 1998.

anual denominado: "Mujer y espacio sociocultural". Dado el interés creciente que estos eventos generaron, se formalizó la Agrupación Universitaria Femenina de Iztacala cuyos objetivos centrales fueron la participación académica, política y cultural desde una perspectiva interdisciplinaria de género (Hernández y cols., 1988).

- Con estos antecedentes se creó el proyecto de la Unidad Interdisciplinaria de Estudios de la Mujer (UEIM), desde septiembre de 1987 en la Facultad de Estudios Superiores Iztacala de la UNAM, que estaba integrado por psicólogas, psicoanalistas y médicas.
- Se han suscrito convenios de colaboración con el Colegio de México, la Facultad de Psicología, la Facultad de Filosofía y Letras, la Universidad Autónoma Metropolitana de Xochimilco, el Colegio de Ciencias e Instituto de Psicología de Berlín; todos estos convenios apoyaron el trabajo del Proyecto Interdisciplinario de Estudios de Género (PIEG) del cual han surgido: el Programa Interdisciplinario de Atención a la Violencia (PIAV) y el Centro de Atención a la Mujer (CAM), más de 200 tesis de licenciatura en la carrera de psicología, cuatro tesis de maestría, eventos culturales anuales durante los últimos 17 años, creación de por lo menos seis talleres al año, formación y actualización docente sobre estudios de género, atención psicoterapéutica a estudiantes de la ENEPI y personas de las comunidades aledañas, obtención de posgrados por diversos integrantes del proyecto, participación en eventos nacionales e internacionales, publicaciones, realización de convenios con el PUEG, la Procuraduría de Justicia del Estado de México en los municipios de Tlalnepantla y Atizapán y el Distrito Federal, además de la difusión de investigaciones realizadas sobre el tema.

En la actualidad, a la luz de la experiencia de las diversas investigaciones realizadas por las mujeres feministas, también los hombres han iniciado el estudio de la masculinidad y las relaciones entre los géneros en la FES Iztacala.

Los estudios de género en psicología

La categoría género desde la década de 1960 se ha insertado en los discursos y estudios sistemáticos de diversas disciplinas como: Filosofía,

Sociología, Derecho, Medicina, Antropología, Psicología (Amorós, 1994; Salles, 1992; García, 1994; De Pinho, 1995; Maier, 1996; V. A. 1991), entre otras, para referirse a las diferencias psicosociales significativas que existen entre los hombres y las mujeres así como su relación con la educación formal e informal (Hierro, 1981), y el trato diferencial en las diversas instituciones públicas y privadas.

Es de importancia fundamental la distinción de las categorías "sexo y género", ya que es a partir de las diferencias biológicas naturales, que se legitiman las diferencias en el comportamiento y en las funciones sociales de los individuos y, de esta forma, son justificadas las desigualdades sociales.

Al respecto, Lamas (1986) señala que la diferencia biológica, cualquiera que ésta sea (anatómica o bioquímica), se interpreta culturalmente como una diferencia sustantiva, que marcará el destino de las personas, con una moral diferenciada para unos y para otras; es un problema político que subyace a toda discusión académica sobre las diferencias entre los hombres y las mujeres.

Por su parte, Oakley (1977, p. 185) aclara: "Sexo, es un término biológico, género, es un término psicológico y cultural, el sentido común nos sugiere que se trata simplemente, de dos formas distintas de enfocar una distinción; el que alguien tenga sexo de mujer —por ejemplo— pertenece automáticamente al género femenino. Pero en realidad ello no es así. Ser hombre o mujer es algo que depende tanto de la vestimenta, o de los gestos, el trabajo, las relaciones sociales y la personalidad, como de poseer un determinado tipo de órganos genitales".

Por tanto, las características femeninas o masculinas se adquieren mediante el proceso de aprendizaje de las conductas, emociones y cogniciones "propias" de cada género. Este aprendizaje se da principalmente durante la infancia y en la relación social que el niño tiene con su medio ambiente, donde se refuerzan diferencialmente los comportamientos asignados por la cultura como propios para los hombres o para las mujeres, a este proceso se le denomina tipificación sexual (Papalia y Wendkos, 1988).

Desde la perspectiva psicológica del desarrollo humano, género es una categoría en la que se articulan tres instancias básicas (Maccoby y Jacklin, 1974):

- La asignación (rotulación, atribución) del género realizada en el momento en el que nace el bebé a partir de la apariencia externa de sus genitales.

- La identidad de género establecida más o menos a la misma edad en que el infante adquiere el lenguaje (entre los dos y tres años) y es anterior a un conocimiento de la diferencia anatómica entre los sexos.
- El papel (argumento o guión) de género, formado con el conjunto de normas y prescripciones que dicta la sociedad y la cultura sobre el comportamiento femenino o masculino.

Existen otras teorías psicológicas que intentan explicar el proceso de tipificación sexual y son:

La teoría biológica, que sustenta a los factores biológicos como los cromosomas, las gónadas, las características de los genitales, las hormonas o la dominancia cerebral que provocan las diferencias sexuales en comportamientos como la agresión o la sumisión, en habilidades como la fuerza y la elasticidad, la destreza motora gruesa y la verbalización (Papalia y Wendkos, 1988; Ocaña, 1995).

La teoría psicoanalítica sostiene de acuerdo con Freud a la tipificación sexual como el resultado indirecto de las diferencias sexuales y el proceso de identificación del infante con su progenitor del mismo sexo a partir del cual deriva el complejo de Electra para la mujer y el complejo de Edipo para el hombre (Freud, 1946).

La teoría del desarrollo cognoscitivo según la cual, la tipificación sexual se produce paralelamente al desarrollo intelectual temprano cuando los bebés oyen las palabras "niño" o "niña", hacia los dos o tres años de edad se identifican con esa designación, aprenden lo que son y lo que deben hacer, distinguen actividades, opiniones y emociones que se consideran masculinas o femeninas, actúan de acuerdo con ello. Entre los cinco y los siete años logran la conservación del género, cuando se dan cuenta de que siempre "deben" ser masculinos o femeninas y tratan de encontrar modelos de su mismo sexo para imitarlos como sus maestros, vecinos, amigos o personajes importantes (Kölberg, 1966). Cualquier desviación de la norma sobre lo que "debe" ser un hombre o una mujer es castigado y reprimido socialmente.

La teoría del aprendizaje social argumenta que la determinación del género está condicionada por los modelos de los padres y las influencias socioambientales a los que el infante se halla expuesto (observación). El niño aprende a imitar al progenitor de su mismo sexo y es recompensado socialmente por ello y castigado de la misma manera si se comporta diferente a su sexo; a este proceso de discriminación se le conoce como socialización diferencial (Mischel, 1970)

La socialización diferencial, está determinada por los modelos y las expectativas de los padres (lo que ellos esperan que sea su hijo o hija de acuerdo con su sexo), así refuerzan conductas como:

Hombres:	Mujeres:
Agresividad	Pasividad
Impulsividad	Sumisión
Actividad exploratoria	Actividad predeterminada
Relaciones sociales	Intimidad
Autoestima	Culpabilidad
Capacidad de logro	Insuficiencia, dependencia
Asertividad	Aceptación pasiva

La socialización diferencial también depende del sexo del progenitor, su desarrollo personal y las expectativas hacia los hijos, pero la educación informal marcará el comportamiento y las posibilidades de éxito en sus relaciones sociales, laborales, intelectuales, afectivas y emocionales. Dependiendo de lo que sus padres quieren de ellos y mientras la persona no se haga consciente de esa tipificación sexual, repetirán los patrones de comportamiento aprendidos, independientemente de que éstos favorezcan o limiten el desarrollo integral (Wallum y Jaclois, 1987; Langlois, 1980; Maccoby, 1966; Master, Johnson y Kolodny, 1987; Hare-Mustin y Marececk, 1994).

Tomando como base lo anterior, las mujeres a diferencia de los hombres tienen una preparación motriz, cognoscitiva y social que las sitúa en desventaja ya que desde la infancia no se les enseña una serie de habilidades que les permitan desenvolverse de manera óptima en la sociedad, por lo tanto es necesario un adiestramiento completo para optimizar el desarrollo integral de su persona.

En el caso de los hombres esta educación diferencial les implica inhabilidades emocionales y afectivas que limitan la relación con las otras y los otros, entre ellos, sus hijos, su pareja, sus padres; muchos carecen del nivel de compromiso en las tareas de paternaje y cuidado de otros. Además el acceso a las relaciones sociales cuando imponen sólo su punto de vista los incapacitan para la negociación y conciliación.

Una alternativa para afrontar esta problemática es fomentar grupos de discusión con el fin de intercambiar experiencias personales que posibiliten la toma de conciencia de la necesidad de cambiar los papeles asignados tradicionalmente a los géneros (González, 1997). Lamas (1986) señala que cuando la mujer no cumple con alguno o varios de los papeles sexuales establecidos para ella, es calificada de antinatural, anormal o enferma.

Ortner y Whitehead (1981) estudiaron cómo la sexualidad y el género toman matrices culturales y sociales en las que están inscritos, y se ubican en una perspectiva de análisis simbólico de los significados de dichas prácticas. La compilación de artículos de estas autoras, comparte la perspectiva de que el género y la sexualidad son construcciones simbólicas, cualesquiera que sean las bases "naturales" de la diferencia entre los sexos. También intentan detectar cuáles son los aspectos económicos, políticos y sociales más significativos para la construcción del género y buscan ver cómo cierto tipo de orden social genera percepciones específicas sobre el tema. Las autoras parten del análisis de Lévi-Strauss (1976) sobre las oposiciones binarias que constituyen el lenguaje; señalan que la feminidad y la masculinidad se define en términos de posición social o jerarquía en el caso del varón, mientras que la tendencia respecto a las mujeres es definirlas en términos androcéntricos, esposa de..., hija de..., mamá de..., etcétera.

En síntesis, las autoras plantean que la organización social del prestigio es el aspecto que afecta más directamente a las nociones culturales de género y sexualidad. Los sistemas de prestigio son parte del orden político, económico y social. El parentesco, el matrimonio, las relaciones de producción y reproducción tienen un lugar dentro de estos sistemas de prestigio. El concepto *honor* (legalidad, legitimidad), forma parte del sistema de prestigio; en conclusión, el sistema de género es –y más que nada– un sistema de prestigio, ya que si partimos de este punto, ciertos aspectos transculturales de las ideologías de género cobran sentido.

A la luz de estas reflexiones, nos queda claro que la investigación, dentro del ámbito de los estudios de género, es una actividad fundamental. La propuesta de esta perspectiva ha significado una ruptura respecto de los modelos de investigación tradicionalistas que imponían como eje rector del conocimiento, al hombre, no como género humano, sino como modelo a partir del cual los excesos o inhabilidades se evaluaban a partir del varón.

En escasos treinta y tantos años la redefinición de los modelos de investigación ha contribuido de manera significativa en los paradigmas y conceptos de las ciencias sociales, entre ellos la psicología y sus diversas escuelas del comportamiento humano. Desde la psicología, los estudios de género han aportado nuevas categorías de análisis: estudiar a las mujeres, su manera particular de percibir el ambiente que las rodea, su autoestima, su sexualidad, sus actitudes, sus responsabilidades, sus deseos, sus derechos, su poder, entre otros. Estas categorías permiten describir, comprender, explicar, reflexionar y transformar lo que las mujeres han sido, actualmente son y lo que quieren ser; y cómo responder al entramado cultural que les impone ser para otros y darse sin cuestionamientos en las relaciones con otros.

Ante la pregunta: ¿quién soy?, muchas mujeres, aun en estos días, no responden de primera instancia. Preguntarse por las características de la personalidad femenina que son construidas culturalmente y que tienen por consecuencia tan desastrosos resultados nos lleva entre otras perspectivas de enfoque, al terreno de lo psicológico y lo educativo. Las numerosas investigaciones psicológicas efectuadas como producto de indagaciones en talleres de autoconciencia, grupos de recapacitación y terapia individual, han constituido un espacio para la reflexión crítica y analítica del contenido de las experiencias femeninas, en los distintos estadios del desarrollo vital, en el entorno delimitado por el tipo de mujer que el sistema social necesita e impone.

Los antecedentes que existen dentro de la literatura de género, respecto de los talleres para mujeres, constituyen un amplio abanico con muestras surgidas de diversas disciplinas y áreas del conocimiento como son el psicoanálisis, la educación, la sociología y la antropología, entre otras. Las experiencias de trabajo grupal con poblaciones marginales en proceso de alfabetización (Freire, 1975), el campo de trabajo con grupos educativo-terapéuticos de enfoque dinámico conocido como grupo operativo (Pichón-Riviere, 1970), las prácticas dinámicas grupales derivadas de la teoría de la Guestalt (Perls, 1969), y las experiencias y publicaciones teóricas obtenidas en los grupos feministas de autoconciencia (Hernández, 1986), son algunos ejemplos de tales antecedentes.

Esta breve revisión se concentra en el análisis del concepto de género, su relación con la construcción de la identidad femenina y su interpretación cultural. Pero el trabajo no se queda aquí, en el caso del hombre, en muchos países y desde muy diversos enfoques y de maneras múltiples, se ha comenzado a cuestionar el modelo de masculinidad tradicional, para analizar el proceso de construcción de ésta, desde los diferentes ámbitos de inserción, así como el tipo de consecuencias que esto ha representado en sus vidas, es decir, del cómo viven y perciben su cotidianidad.

Un elemento importante que hay que definir para contextualizar los estudios de género y de las masculinidades en particular, es la cultura, ya que es en ésta, donde adquieren relevancia y sentido dichos estudios (Hall, 1975). El análisis de lo que significa ser mujer u hombre se debe ubicar en el ámbito de la cultura; es aquí donde se construye el sentido de pertenencia y de identidad; aún más, no sólo hablando en términos de diferencias entre sexos, sino en un planteamiento más amplio, desde su género, esto es, desde su formación ideológica, política, intelectual y emocional.

En el caso de las mujeres, Basaglia (1983) ha planteado el problema cultural que crea en la identidad de las mujeres su homologación con la naturaleza. Lagarde (1977) señala que en nuestra cultura se considera criterio de validez universal que la base de la femineidad es sexual y que toda la experiencia femenina pertenece necesariamente al orden biológico, a diferencia de la identidad social e histórica, que se atribuye al hombre. Han sido los hombres, sus instituciones y sus intelectuales, dueños de la palabra creadora, quienes han elaborado esa identidad simbólica de las mujeres.

Márquez (1977) indica que no obstante, el varón también es un producto social al igual que la mujer, esto es, apenas identificado por sus genitales como varón, el recién nacido es tratado de manera diferente, se le fomentan unos comportamientos y le reprimen otros como forma de transmitirle ciertas convicciones sobre lo que significa ser varón. Esto implica también darle su ubicación en un colectivo situado en una posición de superioridad sobre las mujeres, lo que alimentará su práctica con la perspectiva y pautas propias del grupo; más particularmente en las relaciones hombre-mujer, que al parecer en los últimos decenios se han visto afectadas por los rápidos cambios en las formas de percibir tanto la femineidad como la masculinidad.

Las condiciones en que surgen las investigaciones sobre este tema son diversas de un país a otro y responden a necesidades también diferentes. Hoy día forma parte del sentido común que el "machismo y el estereotipo de hombre" están en crisis. Uno de los enfoques que se ha dado a la tarea de revisar la masculinidad es la perspectiva de género. Como menciona Hierro (1985, p. 0), "[...] los estudios de género nacen como la práctica teórica que supera la emotividad del feminismo y ofrece nuevos paradigmas de investigación que empiezan a levantar el velo de la ignorancia que se cierne sobre las mujeres [...]" y que ahora es extendido al estudio de las masculinidades de los hombres con el propósito de contribuir al esclarecimiento de las motivaciones promotoras del cambio en las relaciones de género, de tal manera que permita, por un lado la discusión teórica, así como contribuir a mejorar las relaciones personales entre mujeres y hombres; sin dejar de señalar la importancia que evidentemente esto tendría también en el desarrollo y crecimiento personal de los hombres (1998).

La complejidad del objeto de estudio psicológico ha dado lugar a diferentes interpretaciones sobre: tipificación sexual, socialización diferencial, aprendizaje discriminativo, identidad de género, papeles de género, personalidad y subjetividad o identidad femenina, masculina u homosexual, argumento de vida, guión vital, poder en las relaciones de género, prestigio social, económico y cultural. Todas ellas categorías conceptuales que dan cuenta de la diferenciación de las mujeres y los hombres según la escuela psicológica de que se trate. Por tanto, nuestra tarea de investigación tiene el propósito de construir un nuevo paradigma integrador de la teoría del desarrollo humano que comprenda estas categorías y aproximaciones teóricas y las supere críticamente desde un encuadre de género. El desarrollo de la perspectiva de género cobra así un carácter de cambio constante en la consecución del saber psicológico en general. En particular para este trabajo el interés está enfocado a la evaluación de actitudes de género.

Cómo se han evaluado las actitudes de género en psicología

El origen del término "actitud" se menciona por primera vez en psicología social por McDougall en 1908 (citado en Castañeda y Sánchez, 1996), quien la define como una disposición relativamente estable de conducta; este concepto es utilizado también en psicología de la personalidad, psicología del aprendizaje, pedagogía, sociología, entre otras. Básicamente hay cuatro modelos que explican el concepto de actitud:

    a. Los modelos instintivistas la explican en términos de impulsos innatos, sinfonía de instintos o disposicionalismo cualitativista.
    b. Los modelos tradicionales derivados del enfoque cuantitativo, sostiene que las actitudes son causas del comportamiento y son vistas como una estructura o sistema de elementos cognitivos, afectivos, perceptuales y comportamentales. Se estudian las actitudes por coeficientes de correlación.

c. Los Modelos referenciales que las definen como la imitación del sistema social percibido en una comunidad, pero no explican las actitudes individuales.
d. Los modelos conductuales que se fundamentan en la probabilidad de acción o la tendencia de las personas a responder de una forma característica ante determinados estímulos. Tienen una importante función las condiciones externas del medio ambiente, el aprendizaje, así como las condiciones culturales, económicas y sociales (Skinner, 1981).

Para Hollander (1978), las actitudes son atributos o condiciones potencialmente cambiantes en las personas, que son capaces de influir sobre otros atributos o condiciones que se representan por medio de las percepciones que se tienen de las personas, cosas o hechos ambientales y en la medida en que se dirigen a la conducta, adquieren cualidades motivacionales y preparan al individuo para que tenga una opinión sobre el mundo y reaccione ante él de manera determinada.

La evaluación de la femineidad y la masculinidad tiene sus orígenes en los estudios de la personalidad que desde el punto de vista teórico y empírico atribuye las características de manera más sobresaliente al varón o a la mujer, según sus rasgos, también llamados masculinos o femeninos. El estudio de estos rasgos no se desarrolla en un entorno vacío de valores, creencias, actitudes, prejuicios, e intereses sociales creados. La cultura occidental que compartimos se ha basado, por siglos, en la sobrevaloración de los rasgos masculinos, al grado de considerar inferiores los rasgos femeninos.

El ideal masculino ha traspasado el ámbito individual para erguirse como una manera superior de comportamiento, que define estilos particulares de control y de poder social. A partir de las múltiples crisis contemporáneas se ha emprendido la búsqueda de nuevos valores individuales y de relación, así como la constitución de organizaciones para la defensa de los derechos de la mujer, de los niños, de los homosexuales, entre otras minorías; también el cuestionamiento sobre el uso de la fuerza como recurso primordial para dar solución a los conflictos, obliga a replantear lo adecuado o "natural" del equilibrio que prevalece entre lo masculino y lo femenino.

En este contexto, es importante aproximarnos al problema desde un marco lo más objetivo posible que, por lo menos en principio, es el que ha adoptado la metodología científica. En los primeros estudios empíricos se definieron masculinidad y femineidad como una dimensión bipolar en las que se esperaba que las mujeres obtuvieran calificaciones altas en los reactivos femeninos y los hombres en los masculinos, sin embargo no se encontraron argumentos que justificaran el que una persona, cualquiera que fuera su sexo, pudiera calificar de manera no excluyente en ambas dimensiones (citado en Lara, 1992).

En 1973 la mayor parte de los instrumentos diseñados para medir rasgos de personalidad femenina y masculina incluían una noción de bipolaridad. Tal fue el caso de escalas como las de *Actitudes e Intereses* de Terman y Miles, la de *Interés Vocacional* de Strong, la de *Masculinidad-Femineidad* (MMPI) de Minnesota, la escala de *Femineidad* de Gough y la de *Masculinidad* de Guilford.

Una innovación al enfoque bipolar fue la valoración de dimensiones ortogonales independientes, lo que hizo posible que un sujeto pudiera ser clasificado según su balance relativo en ambos aspectos, es decir, que pudiera presentar rasgos tanto masculinos como femeninos. Los instrumentos que incorporaron esta visión fueron: el *Inventario de Papeles Sexuales* (BSRI) de Bem y el *Cuestionario de Atributos Personales* (PAQ) de Spence y colaboradores; otros instrumentos similares fueron presentados por Berzins, Heilbrun, Willan y Best, y Baucom.

En estos instrumentos el procedimiento consistió en definir los rasgos empíricamente, a partir de una muestra grande de reactivos considerados más deseables para uno u otro género, mientras que el PAQ se basó al mismo tiempo sobre el principio de que fueran deseables para ambos sexos pero más típicos e ideales para uno solo de ellos, para los hombres o para las mujeres.

Las nuevas escalas miden exclusivamente rasgos de personalidad socialmente deseables considerados como predisposiciones que interactúan con factores situacionales o ambientales como lo afirman Spence y Helmreich (cit. en Lara, 1992). Los mismos autores sostienen que la femineidad y la masculinidad también pueden entenderse como aspectos globales del autoconcepto, como "ser una verdadera mujer, o un verdadero hombre", y se valoran diferentes indicadores tales como autoconcepto, atributos personales, habilidades cognoscitivas, apariencia física, expectativas y supuestos de lo apropiado para su género, comportamiento sexual y otros similares.

En contraposición, Bem propone una interpretación más compleja para las mediciones del BSRI en la que emplea el concepto de género como un esquema cognoscitivo, lo cual significa que las personas difieren en su estructura cognoscitiva para procesar información relacionada con los sexos. Parece ser que este punto de vista recibió críticas certeras por lo que una interpretación más limitada era la única con justificación.

Gran parte de la investigación a partir de las hipótesis planteadas por Bem fueron centradas en los individuos que podían ser "andróginos", es decir que podrían comportase de manera tanto femenina como masculina, según lo apropiado de la situación; y que individuos tipificados como muy masculinos o muy femeninos podrían estar seriamente limitados en el rango de comportamientos disponibles al moverse de una situación a otra. Si estas hipótesis fueran ciertas, el prototipo de salud mental estaría encarnado por el individuo andrógino y no por el individuo típicamente masculino o femenino.

El concepto de androginia fue usado inicialmente por Jung para describir un aspecto de la integración de la personalidad que implica que el varón tome conciencia de sus aspectos femeninos y la mujer de sus aspectos masculinos. El equilibrio que supone este concepto se hizo operativo a partir de diversas combinaciones matemáticas de las calificaciones de las escalas masculinas y femeninas independientes, Lara refiere dos métodos para la medición de este equilibrio, el de Spence y colaboradores (1979) y el de Lubinski (1983) (citado en Lara, 1992); este último hace un análisis de la androginia como un elemento nuevo con propiedades diferentes a las de masculinidad y femineidad, por lo que la estudia como un término de interacción en un análisis de regresión múltiple jerárquico.

Desde la perspectiva de los rasgos la unidad de evaluación está constituido por las cualidades psicológicas de las personas; en el inventario pionero en México sobre masculinidad y femineidad, Lara (1992) define los rasgos de personalidad masculinos como prácticos, y de orientación a la acción; los rasgos de personalidad femeninos como de relación y preocupación por otros; los rasgos asociados al machismo son la agresión e intransigencia; los rasgos asociados al síndrome de mujer sumisa son la abnegación y debilidad; estos rasgos están relacionados a los estereotipos de género. Según la autora las investigaciones en este campo pueden dividirse en tres grandes áreas: las diferencias entre los sexos, los estereotipos, y la masculinidad-femineidad.

Uno de los trabajos más representativos en la segunda área que se refiere a cómo piensa la gente que difieren los sexos, es decir los estereotipos y las expectativas, las atribuciones y las creencias es el de Broverman y colaboradores (citado en Lara, 1992) quienes encontraron dos grupos básicos de rasgos asociados con la mujer y el varón: afectividad-expresividad y sentido práctico-competencia; estudios posteriores han confirmado estos hallazgos, uno de ellos se presenta en este capítulo.

Durante el proceso de elaboración de su instrumento, Lara llevó a cabo algunas comparaciones que permitieron estudiar la influencia de ciertas variables sociodemográficas sobre los papeles de género, comparar las autodescripciones con las expectativas sociales, estudiar los papeles en parejas de casados, en la población rural y en mujeres marginadas. La autora concluyó que las descripciones de uno mismo y las expectativas de los papeles de género no coinciden; se percibe un cambio en el papel de la mujer, el cual no es igualmente percibido por cada sexo, en cuanto a la observación de cambios en el papel de las mujeres con mayores ingresos y escolaridad.

La investigación sobre estereotipos de género se ha limitado casi exclusivamente a los rasgos de la personalidad más que a conductas típicas de género, características físicas u ocupaciones. Aunque podría pensarse que estos aspectos están muy relacionados entre sí, los datos de Spence y Helmreich (citado en Lara, 1992), han mostrado que bajo circunstancias normales esta relación es débil, esto es, que la relación entre rasgo, conducta y ocupación es frágil. Además las teorías de los rasgos usualmente asumen estabilidad en éstos; el cambio es infrecuente en operaciones presentes; las transformaciones ocurren a menudo de acuerdo con mecanismos teleológicos preestablecidos y etapas del desarrollo y se espera que se modifiquen con el tiempo (Altman, Garling y Evans, 1991).

Algunas aportaciones a la evaluación de las actitudes de género

Tomando en consideración el marco teórico antes planteado presentamos a continuación tres de las investigaciones realizadas en la FES Iztacala respecto a la evaluación de actitudes de género, y una sobre el aborto.

El primer estudio se refiere a la elaboración de una escala de actitudes para medir el cambio ante el papel asignado a la mujer en la sociedad (González, Luna y Martínez, 1990). La escala contaba con 96 reactivos que fueron probados para mejorar su comprensión, y los resultados mostraron que, de los de 96 reactivos diseñados inicialmente, solamente 53 obtuvieron el nivel de significancia menor o igual a 0.05; con estos se elaboró un segundo cuestionario que fue aplicado nuevamente y se encontró que las áreas quedaron desniveladas; no había una cantidad equilibrada de reactivos positivos y negativos. Por tal motivo se reestructuraron los 43 reactivos no seleccionados y se elaboró un tercer cuestionario que debía ser aplicado posteriormente hasta obtener la consistencia de la escala.

En un segundo estudio, se retoma el cuestionario; el propósito de esta investigación es medir el cambio en las actitudes u opiniones que tienen las y los participantes, antes y después de la impartición de talleres, respecto al propio comportamiento (González, 1996).

Para sistematizar de manera objetiva tales resultados se retomó el cuestionario denominado *Escala de Actitudes: el Papel de la Mujer en la Sociedad* (EAMS).

Los objetivos del estudio fueron:

1. Comprobar estadísticamente la validez y la confiabilidad del EAMS.
2. Conocer la efectividad de los "talleres de estudios de género", como un método de tratamiento para propiciar un cambio positivo en las actitudes, percepciones y conductas que se tienen acerca de la mujer actual.

La metodología consistió en un estudio longitudinal realizado durante dos años en cuatro talleres (cuatro fases) diferentes, uno por cada semestre escolar. El procedimiento de los "talleres de estudios de género" fue de la manera siguiente: integración grupal y ajuste de las temáticas a los intereses de los asistentes; aplicación del cuestionario (pretest); desarrollo del taller en el que cada participante comenta sus experiencias personales vinculadas con el tema en cuestión; presentación de dinámicas vivenciales, para identificar las situaciones problemáticas y posteriormente plantear alternativas de solución. Cada taller tuvo una duración de 40 horas y una vez finalizado se aplicó nuevamente el cuestionario de actitudes (postest). Así, el diseño estadístico utilizado fue un cuasiexperimental pretest/postest (O_1 X O_2), donde cada grupo simple era evaluado con la EAMS; esta escala tipo Likert tiene cinco rangos de respuesta, desde el 1 –muy de acuerdo– hasta el 5 –muy en desacuerdo–.

En cada fase se aplicaba el cuestionario a dos poblaciones diferentes: en la primera fueron los estudiantes de psicología que cursaban quinto o sexto semestre según el caso, que ingresaban a la práctica de desarrollo y educación para organizar talleres en estudios de género y hacer su servicio social, y la segunda población fueron los asistentes de la comunidad en cada taller, donde se estimó la actitud con las dos evaluaciones.

La EAMS fue aplicada a un total de 162 personas, que constituyeron la muestra no probabilística de sujetos disponibles. Todas las personas estudiadas eran habitantes del noroeste del Estado de México y el lugar de aplicación fue la Clínica Universitaria de Salud Integral (CUSI) en la FES Iztacala.

Al término de la primera fase analizamos cada una de las respuestas de las personas, lo que nos permitió detectar la correlación de cada reactivo, conocer su grado de importancia con base en la tabla F, valor de la r de Pearson a los niveles 0.05 y 0.01 de los 96 reactivos diseñados en la investigación anterior; se reelaboraron los 43 reactivos que lo requirieron, el cuestionario fue dividido en 20 áreas y se aplicó en la segunda fase como un cuestionario mixto con preguntas abiertas. Hicimos un análisis cualitativo del contenido de las respuestas abiertas para verificar la validez del instrumento.

Con estas observaciones el cuestionario fue reformado; quedó integrado por 118 preguntas y dividido en 20 temas, con tres reactivos positivos y tres negativos para cada tema, éstos fueron ubicados al azar dentro del cuestionario y fue aplicado en una tercera fase durante la cual se detectó que en realidad había 69 reactivos favorables y 49 desfavorables, lo que indica que no había equilibrio entre los reactivos y las áreas; el número de palabras con que estaban redactados a veces sobrepasaba lo óptimo para redactar un reactivo, hicimos las correcciones pertinentes después de un análisis más fino de los temas, las áreas y los reactivos que se abordaron, y quedó finalmente constituido en un cuestionario con 76 preguntas, el cual se aplicó en la cuarta fase.

En la versión final del EAMS quedaron 2 reactivos positivos y dos negativos para cada uno de los 19 temas que son:

1. Autoconcepto
2. Papeles de género
3. Medios de comunicación masiva
4. Relaciones sociales
5. Derechos humanos específicos de la mujer
6. Educación femenina
7. Paternaje
8. Violación
9. Hostigamiento sexual
10. Menopausia
11. Personalidad

12. Anatomía y fisiología
13. Higiene sexual
14. Relaciones sexuales
15. Anticoncepción
16. Aborto
17. Maternidad
18. Trabajo
19. Estilos de vida

Una vez elaborados los reactivos de cada tema se dividió el cuestionario en subtemas para evaluar la validez concurrente y de contenido y el equilibrio entre las áreas; para verificar la validez del instrumento, se efectuó un juicio de cinco expertos en el área de estudios de género a cada reactivo, se analizó su redacción, clasificación y adecuación al tema, y se les ubicó en un lugar al azar en el cuestionario.

Resultados

Se obtuvo el coeficiente de confiabilidad de los dos grupos: estudiantes y personas de la comunidad, y se obtuvo un coeficiente igual a 0.8847, lo que indica una alta confiabilidad.

La prueba *t de Student* fue aplicada para muestras apareadas con el fin de conocer si existían diferencias significativas en las condiciones prepost test, que indicara un cambio de actitudes debido a la participación en el taller e investigar si existía además correlación con los resultados de los otros talleres.

Al comparar las puntuaciones de la primera y la segunda evaluación observamos que sí había una diferencia significativa, lo que representó un cambio de opinión o actitud respecto al tema que se midió, esto implicó que el tratamiento (taller), surtió un efecto positivo en el cambio de actitud de las personas.

Al concluir, se aplicó el Cociente de Correlación de Pearson a los datos obtenidos a partir de las características de la muestra (sexo: hombres y mujeres; ocupación: empleados(as), desempleados(as), amas de casa, profesionistas, estudiantes; etapa de desarrollo: jóvenes y adultos; estado civil: solteros(as), casados(as), viudos(as), divorciados(as), unión libre; y edad.

Aunque el rango de edad oscilaba entre los 18 y los 61 años, notamos que la mayoría de la población que asistió a los talleres, estaba entre el rango de edad de los 20 a los 39 años, etapa durante la cual las personas tienen más interacción social. En el caso de las mujeres (cuya edad promedio fue 39.73 años, madres de familia y casadas en su mayoría), estaban por terminar la fase de atención más intensiva a los hijos; además, se espera que en esta edad los hijos de las madres de 40 años sean adolescentes, estén poco tiempo en casa y la mujer se cuestione respecto de: ¿qué hacer ahora?, ya sea con los hijos adolescentes o bien: ¿qué hacer para ella misma?, por ello, es de suponerse que asistieron un alto porcentaje de amas de casa.

Para evaluar estadísticamente la confiabilidad fue aplicado el coeficiente de correlación de Pearson en cada reactivo. De esta manera el coeficiente de confiabilidad que se obtuvo en la segunda fase fue muy alto en el pretest (alpha= .93136) y en el postest (alpha = .9326).

El coeficiente de confiabilidad fue menor que en el cuestionario de la cuarta fase pues en este cuestionario obtuvimos un alpha = .7912 en la fase de pretest y un alpha = .7970 en la fase de postest, sin embargo, estos resultados siguen siendo altos para un coeficiente de confiabilidad, aunque no se descarta la posibilidad de seguir mejorando el instrumento.

En la validez interna, el cuestionario mejoró considerablemente en la redacción de los reactivos, que miden lo que desean medir y se refieren al tema que se trata en los talleres; la evaluación de juicio por conocedores del tema así lo confirmaron y esta validez también se espera sea mejorada en aplicaciones posteriores.

Por otro lado, aunque también había un alto porcentaje de estudiantes, este resultado podía estar sesgado ya que el trabajo fue realizado justamente con estudiantes entre los 20 y 23 años que cursaban quinto o sexto semestres en la carrera, sin embargo, la tendencia predominante es que haya más mujeres. Un análisis más fino permite observar que no todos los estudiantes que asistieron a los talleres cursaban la carrera de psicología, sino que había participantes de otras carreras que asistieron por interés propio al taller enfocado a la comunidad, ya sea por desarrollo personal o profesional; esto nos indicó que la calidad de la información que obtuvimos durante los talleres ha logrado captar la atención de los jóvenes y que cada vez las mujeres se informan más de sus derechos y posibilidades en una sociedad como la actual. En la medida en que pasa el tiempo se incrementa la cantidad de hombres que se interesan por este tema, lo cual es notorio ya que los estudios de género implican también a los hombres en sus relaciones sociales con las mujeres.

Por último, es importante señalar que este tipo de talleres son una opción viable como método de enseñanza-aprendizaje y es un mecanismo por el cual se propicia en los participantes un mejoramiento en su calidad de vida; un indicativo de ello es que período tras período son más solicitados.

Finalmente, en un tercer estudio, Castañeda y Sánchez (1996) trabajaron el autoconcepto y su relación con el aborto en poblaciones rurales y urbanas. En una muestra no probabilística de sesenta mujeres, de 20 a 30 años de edad, evaluaron el autoconcepto y la opinión que ellas tenían sobre el tema. Se hizo una investigación de campo de tipo transversal para establecer comparaciones entre dos grupos independientes y apareados en relación con la edad. La *Escala de Autoconcepto de Tennessee* fue aplicada para evaluar las categorías de autocrítica, identidad, autosatisfacción, comportamiento, yo ético, yo familiar, yo social, conflicto y variabilidad. Para la medición de las actitudes hacia el aborto, se eligió la *Escala de Rangos Sumarizados* de Rensis Likert, para lo cual se realizaron 56 reactivos, redactados la mitad positivos y la mitad negativos. Contenían los componentes de las actitudes: cognitivo, connativo y afectivo.

Los resultados de dicha investigación reflejaron fielmente el papel femenino establecido por la cultura de género en la tradición mexicana. De hecho no se encontró una clara diferencia entre las opiniones de la tradición que define lo femenino relacionado con la maternidad y lo masculino con el papel de proveedor; sólo se observó una diferencia entre el campo y la ciudad relativa a la velocidad con la que ocurren los cambios, sin embargo persiste el papel femenino y masculino tradicionalmente definido. Las hipótesis planteadas en la metodología respecto a la aplicación del *Test de Autoconcepto Tennessee* fueron confirmadas, ya que sí existen diferencias en el autoconcepto de las mujeres: nivel bajo en el ambiente urbano y nivel medio en el ambiente rural.

Al aplicar la *Escala de Rangos Sumarizados* de Rensis Likert sobre el aborto, encontramos diferencias significativas en las actitudes en ambos grupos en el área connativa, aunque en ambos grupos la tendencia general es de una opinión desfavorable al aborto. Además hay una correlación casi nula entre autoconcepto y actitud hacia el tema. En conclusión se puede decir que en las mujeres rurales hay una mayor certeza de su oposición ante el aborto, en tanto que en las mujeres urbanas hay mayor aceptación o confusión al respecto. El autoconcepto a la hora de tomar decisiones sobre el aborto interviene junto con aspectos de tipo económico y de prestigio social.

La investigación anterior es relevante porque desde el punto de vista de género aporta mayor información científica, al recabar información psicológica de un tema sobre el cual frecuentemente se especula.

Como corolario de lo hasta aquí expuesto, queremos expresar una conclusión, un deseo y una promesa. Hemos observado, tanto a partir de la literatura como de los estudios experimentales presentados, que es un hecho notable la transformación dinámica que las actitudes de género están presentando, en particular debido a las condiciones socioeconómicas y culturales que caracterizan el proceso de globalización del neoliberalismo al inicio del nuevo milenio; en consecuencia, la relevancia de los estudios de género cobra pleno sentido. Ojalá que todo el esfuerzo que ello implica nos permita obtener los conocimientos necesarios para afrontar la inequidad en la familia, el hogar, el empleo, la política, la religión. En suma, trabajamos con el propósito de optimizar el desarrollo humano de las mujeres y los hombres, para que vivamos armónicamente en un plano de mayor igualdad y respeto.

Bibliografía

Altman, D., Garling, T. y Evans, G. (1991). "Environment Cognition and Action. An Integrated Approach". En: Stokols y Altman (eds.). *Handbook of Environmental Psychology*. NuevaYork: Oxford University Press.

Amorós, C. (1994). *Feminismo: igualdad y diferencia*. México: Colección Libros del PUEG. Coordinación de Humanidades. UNAM.

Bartra, E. (1999). "Estudios de la mujer. ¿Un paso adelante y dos pasos atrás?". Ponencia presentada en el I Coloquio Nacional de Centros y Programas Feministas en Instituciones de Educación Superior. Chapala. Jalisco. México.

Basaglia, F. (1983). *Mujer; locura y sociedad*. México: Universidad Autónoma de Puebla.

Castañeda, V. M. y Sánchez, N. F. (1996). *Correlación de la comparación dada entre mujeres rurales y urbanas en relación a su autoconcepto y su actitud hacia el aborto*. Tesis de licenciatura en psicología. FES-Iztacala. UNAM. México.

Cazés, D. (1998). *La perspectiva de género; guía para diseñar, poner en marcha, dar seguimiento y evaluar proyectos de investigación y acciones públicas y civiles*. México. CONAPO. PRONAM.

Conway, K. J., Bourque, C. S. y Scott, W. S. (1987). "El concepto de género". En: M. Lamas (ed.). *El género: la construcción cultural de la diferencia sexual*. México: Miguel Ángel Porrúa.

De Pinho, H. (1995). "Mortalidad y morbilidad materna". *Red Mundial de Mujeres por los Derechos Reproductivos*. Boletín 51/52. Amsterdam. Holanda. Julio-diciembre.

Freud, S. (1946). *The Ego and the Mechanism of Defense*. Nueva York: International University Press.

García, V. M. L. (1994). *Fomento de la participación de la mujer en los asentamientos humanos*. Informe de actividades del Centro de las Naciones Unidas para los Asentamientos Humanos (hábitat), presentado en la Cuarta Conferencia Mundial sobre la Mujer. México: COPEVI, A. C.

González, S. B. E., Luna, S. M. T. y Martínez, D. C. (1990). *Los talleres para mujeres: una alternativa para el cambio de actitud ante el género*. Tesis de licenciatura en psicología. FES-Iztacala. UNAM. México.

González, U. M. T. (1997). *Los estudios de género en la ENEP Iztacala: confiabilidad y validez de una escala de actitudes respecto del papel de la mujer en la sociedad*. Tesis para obtener el grado de Maestría en Modificación de la Conducta. FES-Iztacala. UNAM.

Hall, E. T. (1975). *Más allá de la cultura*. Barcelona: Gustavo Gilli.

Hare-Mustin, T. R. y Marececk, J. (1994). *Marcar la diferencia: psicología y construcción de los sexos*. Barcelona: Herder.

Hernández, C. G. y González, U. T. (1999). Proyecto de Investigación del Programa Interdisciplinario de Estudios de Género. México. FES-Iztacala. Inédito.

Hernández, C. G. (1986). *El desarrollo de la personalidad femenina por medio de la educación integral; los talleres de autoconciencia, una alternativa.* Proyecto de investigación aprobado por CONACYT. México.

Hernández, G. y colaboradores (1988). *Unidad interdisciplinaria de estudios de la mujer.* Proyecto para estudios de licenciatura y posgrado presentado ante el Programa de estudios de posgrado. México. Inédito.

Hierro, G. (1985). *Ética y feminismo.* México. Facultad de Filosofía y Letras. UNAM.

Hierro, G. (1981). "La educación formal e informal y la situación femenina". En: G. Hierro (ed.). *La mujer y el desarrollo: la Mujer la cultura.* Antología. México. Secretaría de Educación Pública.

Hollander, E. (1978). *Introducción a la psicología social.* Buenos Aires: Amorrortu.

Kölberg L. A (1966). "Cognoscitive Developmental Analysis of Children´s Sex Role Concepts and Attitudes". En: E. E. Maccoby (ed.). *The Development of Sex Differences.* California. Stanford University Press.

Lagar, M. (1997). *Los cautiverios de las mujeres: madresposas, monjas, putas, presas y locas.* México: Dirección General de Estudios de Posgrado y la Facultad de Filosofía y Letras.

Lamas, M. (1986). "Estudios sobre la mujer: problemas teóricos". En: M. Lamas. *Op. cit.*

Lamas, M. (1986). "La antropología feminista y la categoría género". *Nueva antropología, estudios sobre la mujer: Problemas teóricos.* Núm. 30. CONACYT/UAM Iztapalapa. Vol. VIII.

Lamas, M. (1986). "La categoría feminista y la categoría género". *Nueva Antropología.* Núm. 30. Vol. VIII. México.

Langlois, J. (1980). "Mothers, Fathers and Peers as Socialitation Agent of Sex Typed Behaviors in Young Children". *Child Development*, núm. 51.

Lara, C. (1992). *Inventario de masculinidad-femineidad.* México: El Manual Moderno.

Lévi-Strauss, C. (1979). "La familia", En: *Polémica sobre el origen de la universalidad en la familia.* Barcelona: Cuadernos Anagrama.

MacCoby, E. E. (1966). *The Development of Sex Differences.* California: Stanford University Press.

MacCoby, E. E. y Jacklin, C. (1974). *The Psychology of Sex Differences.* California: Stanford University Press.

Maier, H. E. (1996). "Por un análisis bisexuado de la problemática ecológica". *Relaciones del Colegio de Michoacán.* Revista núm. 60. México.

Márquez, J. (1997). "Varón y patriarcado". En: T. Valdés y J. Olavarría (eds.). *Masculinidad/es, poder y crisis.* México: Isis.

Master, W., Johnson, V. y Kolodny (1987). *La sexualidad humana.* México: La Prensa Médica.

Oakley, A. (1977). *Sexo y personalidad en la mujer discriminada.* Madrid: Debate Tribuna Feminista. Madrid.

Ocaña, A. M. (1995). *¡Viva la diferencia!* México: Libra.

Ortner, S. y Whitehead, H. (1981). "Sexual Meanings: the Cultural Construction of Gender and Sexuality". En: M. Lamas. *Op. cit.*
Papalia, D. E. y Wendkos, S. O. (1988). *Desarrollo humano.* México: McGraw-Hill.
Perls, S. F. (1969). *Gestalt Therapy Verbatim.* California: Real People Press.
Pichón-Riviere, E. (1970). *Historia de la técnica de los grupos operativos.* Clase del Curso sobre Proceso Grupal dictada el 13 de mayo en la Universidad de Buenos Aires.
Rubin, G. (1975). "The Traffic In Women: Notes on the Political Economy of Sex". En: M. Lamas. *Op. cit.*
Ruiz, G. R. I. (1998). *Estudio de la subjetividad masculina,* Ponencia presentada en el Coloquio de Estudios de Género. PUEG. UNAM. México.
Salles, V. (1992). "Las familias, las culturas, las identidades (notas de trabajo para motivar una discusión)". En: J. M. Valenzuela (ed.), *Decadencia y auge de las identidades.* Tijuana. México: El Colegio de la Frontera Norte.
Skinner, B. F. (1981). *Reflexiones sobre conductismo y sociedad.* México: Trillas.
Urrutia, E. (1986). "El Programa Interdisciplinario de Estudios de la Mujer (PIEM)". *Nueva Antropología.* Vol. XVIII. Núm. 30. El Colegio de México.
Varios autores, (1991). "Educación y género". *Cuadernos de Psicología 6.* FES-Iztacala. México.
Wallum y Jaclois (1987). "El proceso de socialización diferencial". En: W. Master, V. Johnson y Kolodny. *La sexualidad humana.* México: La Prensa Médica.

6

Evaluación de trastornos alimentarios en estudiantes mexicanas

Georgina Leticia Álvarez Rayón
Karina Franco Paredes
Juan Manuel Mancilla Díaz
Rosalía Vázquez Arévalo,
UNAM, FES-*Iztacala*

Si bien la alimentación es un elemento vital para la supervivencia de los seres humanos, ésta no sólo está supeditada a factores biológicos, sino que en ella también intervienen aspectos psicológicos, sociales y culturales. En la actualidad observamos que dicha función básica de la alimentación ha pasado a un plano secundario, lo que ha ocasionado que un creciente número de personas modifiquen sus hábitos alimentarios, sobre todo a partir de la práctica de restricción alimentaria como vía para el adelgazamiento, sin importar que esto ponga en riesgo su bienestar físico y emocional.

Los trastornos alimentarios son "trastornos psicológicos que comportan graves anormalidades en el comportamiento de ingesta; es decir, la base y fundamento de dichos trastornos se halla en la alteración psicológica" (Raich, 1994, p. 20). Los trastornos alimentarios más frecuentes son la anorexia nerviosa (AN) y la bulimia nerviosa (BN).

Los criterios diagnósticos para la anorexia nerviosa propuestos en el Manual Diagnóstico Estadístico de los Trastornos Mentales, en su versión más reciente: DSM-IV (American Psychiatric Association, APA, 1994), son:

a. Rechazo a mantener un peso corporal igual o por encima del valor mínimo normal considerando la edad y la talla (por ejemplo, pérdida de peso que da lugar a un peso inferior al 85% del esperable, o fracaso en conseguir el aumento de peso normal durante el periodo de crecimiento, dando como resultado un peso inferior al 85% del peso esperable).
b. Miedo intenso a ganar peso o a convertirse en obeso, incluso estando por debajo del peso normal.

c. Alteración de la percepción del peso o la silueta corporales, exageración de su importancia en la autoevaluación o negación del peligro que comporta el bajo peso corporal.
d. En las mujeres pospuberales, presencia de amenorrea; por ejemplo, ausencia de al menos tres ciclos menstruales consecutivos (se considera que una mujer presenta amenorrea cuando sus menstruaciones aparecen únicamente con tratamientos hormonales, por ejemplo, con la administración de estrógenos).

Mientras que los criterios diagnósticos para la bulimia nerviosa (APA, 1994) son:

a. Presencia de atracones recurrentes. Un atracón se caracteriza por:
   1. Ingesta de alimento en un corto espacio de tiempo (por ejemplo, en un período de 2 horas) en cantidad superior a la que la mayoría de las personas ingerirían en un período de tiempo similar y en las mismas circunstancias.
   2. Sensación de pérdida de control sobre la ingesta del alimento (por ejemplo, sensación de no poder parar de comer o no poder controlar el tipo o la cantidad de comida que se está ingiriendo).
b. Conductas compensatorias inapropiadas, de manera repetida, con el fin de no ganar peso, tales como vómito; uso excesivo de laxantes, diuréticos, enemas u otros fármacos; ayuno y ejercicio en exceso.
c. Los atracones y las conductas compensatorias inapropiadas tienen lugar, como promedio, al menos dos veces a la semana durante un período de tres meses.
d. La autoevaluación está exageradamente influida por el peso y la silueta corporales.
e. La alteración no aparece exclusivamente en el transcurso de la anorexia nerviosa.

El DSM-IV (APA, 1994) también señala una categoría diagnóstica denominada trastorno de la conducta alimentaria no especificado (TCANE), que incluye aquellos trastornos del comer que no cumplen con todos los criterios de los trastornos específicos, pero pueden ser igualmente graves. En esta categoría se consideran aquellos casos que:

- Cumplen todos los criterios de la AN, pero las menstruaciones son regulares.
- Cumplen todos los criterios de AN, excepto que, a pesar de existir una pérdida de peso significativa de peso, éste se encuentra dentro de los límites de la normalidad.
- Cumplen todos los criterios de BN, con la excepción de que los atracones y las conductas compensatorias inapropiadas ocurren menos de dos veces por semana o durante menos de tres meses.
- Empleo regular de conductas compensatorias inadecuadas después de ingerir pequeñas cantidades de comida por parte de un individuo de peso normal.
- Masticar y expulsar, pero no tragar, cantidades importantes de comida.
- Trastorno compulsivo: se caracteriza por atracones recurrentes en ausencia de la conducta compensatoria.

En las últimas décadas la prevalencia de trastornos alimentarios ha aumentado, en investigaciones epidemiológicas se informa que la anorexia nerviosa se sitúa entre 0.5 y 1%, principalmente en mujeres adolescentes y jóvenes (Kaplan y Sadock, 1994); mientras que la bulimia nerviosa va de 2 a 4% (Guillemot y Laxenaire, 1994). Más específicamente, Crowther, Wolf y Sherwood (1992) detectaron que la bulimia se presenta entre estudiantes universitarias en un rango de entre 0.79 y 19%, en tanto que en estudios longitudinales reportados en el DSM-IV (APA, 1994) esta prevalencia se calcula entre 1 y 3.8%. En el caso de los TCANE o síndromes parciales, se ha comprobado que en poblaciones estudiantiles su tasa de ocurrencia es veinte veces mayor que la de anorexia nerviosa o bulimia nerviosa (Mintz y Betz, 1988). Por ejemplo, Flores y Caballero (1999) hacen referencia a un estudio con población general realizado en Londres, en el cual 0.75% de la muestra fue diagnosticada con un síndrome cercano a la anorexia nerviosa. Mientras que Patton (1988) fundamentó la existencia de trastornos alimentarios subclínicos en un rango aproximado de 5 a 10% de mujeres pospuberales.

Cuando se toman en cuenta todos los grupos de mujeres con trastorno alimentario, las cifras de incidencia y prevalencia aumentan considerablemente. Así, Dancyger y Garfinkel (1995) en población general, encontraron que 1% cumplía con los criterios diagnósticos para un cuadro completo de anorexia o bulimia nerviosa, mientras que sólo 5% cumplía criterios para el diagnóstico de un síndrome parcial.

Un aspecto que ha contribuido poderosamente en el aumento de la incidencia de los trastornos alimentarios es la modificación sociocultural que ha sufrido el modelo o ideal estético corporal, lo que ha propiciado la gestación y propagación de la "cultura de la delgadez", de la que de una u otra forma participamos todos. Esto está revistiendo características alarmantes en el sexo femenino, especial y concretamente en las adolescentes y jóvenes, quienes asumen que el cuerpo delgado es el prototipo a seguir (Toro, 1996).

Aunque con manifestaciones muy diferenciadas, los trastornos alimentarios tienen como puntos en común afectar a mujeres preocupadas por las características y la forma de su cuerpo, con deseos de adelgazar o temor intenso a ganar peso, guiadas por una percepción deteriorada de su imagen corporal (tendiente a la sobrestimación), y como consecuencia, con una intensa baja autoestima y angustia alimentaria (Calderón, Moreno, Gili y Roca, 1998; Martínez, Medina y Quiroz, 1997), ya que se ha observado que las pacientes con trastorno alimentario presentan cogniciones persistentes e inadecuadas que se asocian con la comida, el acto de comer o el peso corporal (Brusset, 1990; Turón, 1997).

Percibirse como obeso o con sobrepeso –aunque esto no sea real– es una de las principales causas que inciden en el surgimiento de un trastorno alimentario, por lo que basta con que exista una persistente insatisfacción corporal (Raich, 1994). Algunas investigaciones apuntan que la preocupación por el peso –y la consecuente motivación para adelgazar– aumentan con la edad, y que su punto álgido se halla entre los 17 y 18 años de edad; aunque actualmente hay una disminución progresiva en la edad en que las mujeres empiezan a preocuparse por su peso corporal (Holtz y Tena, 1995).

La consecuencia lógica de la motivación para adelgazar es la recurrente práctica de dietas restrictivas, sin embargo, esta conducta puede conllevar serias consecuencias negativas cuando este "control" sobre la alimentación se convierte en una abstención parcial o total de la ingestión, o bien, al combinarse con períodos de sobreingesta, frecuentemente seguidos por la práctica de conductas compensatorias (Saldaña, 1994).

De tal modo, el problema sobre el control de los impulsos –y en este caso específicamente sobre la alimentación– es básico para comprender las patologías alimentarias. No obstante, este mecanismo de control puede tener dos vertientes, dependiendo del tipo de trastorno alimentario:

1. En el caso de anorexia nerviosa –específicamente en el tipo restrictivo– se da un excesivo control sobre las funciones corporales, particularmente sobre la ingestión, que a su vez suele ir asociado a la presencia de un exacerbado perfeccionismo (Crispo, Figueroa y Guelar, 1996).
2. Mientras que en el caso de la bulimia nerviosa, contrariamente se experimenta fracaso en el control sobre la ingestión, lo que se ha visto asociado a intensos sentimientos de ineficacia (Bruch, 1962; 1973; 1982).

Por otro lado, en la anorexia nerviosa y la bulimia nerviosa, las relaciones interpersonales, y en general el desarrollo social, frecuentemente se encuentran alterados (Vitousek y Manke, 1994), y se caracterizan por desconfianza interpersonal, y por tanto, aislamiento social (Norre y Vandereycken, 1991), que se encuentra regularmente anclado a un profundo temor ante la sensación de incapacidad para enfrentar los retos que supone el desarrollo, por ello con frecuencia sienten miedo "a crecer" o madurar (Stierling, 1988, cit. en Ludewig, 1991; Wilson, 1985).

La investigación sobre trastornos alimentarios en poblaciones latinas es escasa, por lo que es necesario valorar la presencia de sintomatología de trastorno alimentario –o de algunos de sus componentes específicos– entre diferentes poblaciones o muestras mexicanas. Al respecto, Escobar (1992) evaluó la prevalencia de conductas relacionadas con la anorexia o bulimia nerviosa en estudiantes de sexo femenino, y observó que los síntomas más presentes en su muestra fueron: obsesiones y fobias alimentarias, mayor consumo de alimentos dietéticos y mayor frecuencia de episodios de sobreingesta.

Por su parte, Mancilla, Álvarez, López, Mercado, Manríquez y Román (1998) encontraron que las personas con sintomatología de trastorno alimentario obtuvieron puntuaciones significativamente más altas en cuanto a miedo a madurar, motivación para adelgazar e ineficacia, respecto a un grupo control.

Con base en las investigaciones antes mencionadas, afirmamos que la presencia de sintomatología de trastornos alimentarios es una realidad en México, así como de amplio interés para la investigación, con miras a la prevención y tratamiento de estas patologías. Por ello, el objetivo de la presente investigación es explorar la asociación entre algunos factores cognitivo-conductuales y la presencia de sintomatología de trastorno alimentario en una muestra de estudiantes mexicanas, así como determinar si existen diferencias en cuanto a dichos factores entre los tipos específicos de sintomatología (anoréxica o bulímica) y un grupo control.

Para evaluar los síntomas predominantes de los trastornos alimentarios y las características de éstos, existen entrevistas, escalas y medidas de autorreporte. Estas últimas constituyen una valiosa aportación al estudio de las psicopatologías alimentarias, pues se han utilizado como instrumentos de filtración para detectar patrones anormales de ingesta o posibles casos de trastorno alimentario en grupos de alto riesgo.

Entre los autoinformes más conocidos y ampliamente utilizados, están: el *Test de Actitudes Alimentarias* (EAT, de Garner y Garfinkel 1979), diseñado para valorar la presencia de síntomas de anorexia nerviosa; el *Test de Bulimia* (BULIT, de Smith y Telen, 1984), para evaluar la bulimia nerviosa; y el *Inventario de Trastornos Alimentarios* (EDI, de Garner, Olmstead y Polivy 1983), el cual permite estimar la presencia de rasgos o factores cognitivo-conductuales asociados a la presencia de trastorno alimentario.

El objetivo del presente estudio fue evaluar la asociación entre algunos factores cognitivo-conductuales y la presencia de sintomatología de trastorno alimentario en estudiantes mexicanas. Participaron 259 jóvenes estudiantes de sexo femenino ($\bar{x}$ = 18.5, D.E. = 2.9), quienes contestaron el *Test de Actitudes Alimentarias* (EAT), *Test de Bulimia* (BULIT) y el *Inventario de Trastornos Alimentarios* (EDI), a quienes con base en los puntos de corte de los instrumentos se les clasificó como: grupo con sintomatología (n = 127) o grupo control (n = 132).

Método

Muestra: ésta fue no probabilística de tipo intencional, conformada por 259 jóvenes estudiantes de sexo femenino, con un rango de edad de 14 a 33 años (x = 18.5, D.E. = 2.9), de instituciones educativas públicas y privadas.

Instrumentos

a. *Test de Actitudes hacia la Alimentación* (EAT) de Garner y Garfinkel (1979), es un autoinforme desarrollado para evaluar síntomas y preocupaciones características de los trastornos alimentarios, que consta de 40 reactivos con seis opciones de respuesta. Fue validado en una muestra clínica y grupo control de mujeres mexicanas, derivando cinco factores: restricción alimentaria, bulimia, motivación para adelgazar, preocupación por la alimentación y presión social percibida (Álvarez, Mancilla, Vázquez, Unikel, Caballero y Corona, manuscrito no publicado).

b. *Test de Bulimia* (BULIT) de Smith y Thelen (1984), es un cuestionario de 36 preguntas, cuya finalidad es detectar el trastorno alimentario de bulimia nerviosa. Ha sido validado en población femenina (clínica y control) de México (Álvarez, 2000; Álvarez, Vázquez y Mancilla, 2000), quienes obtuvieron una estructura de tres factores: sobreingesta, sentimientos negativos y conductas compensatorias.

c. *Inventario de Trastornos Alimentarios* (EDI) de Garner, Olmstead y Polivy (1983), es un autoinforme de 64 reactivos diseñado para evaluar las características cognitivas y conductuales de la anorexia y la bulimia nerviosa. En población mexicana (clínica y control) fue validado por Álvarez y Franco (2001), quienes confirman la pertinencia de una estructura de ocho factores: motivación para adelgazar, insatisfacción corporal, bulimia, inefectividad, desconfianza interpersonal, identificación de la interocepción, perfeccionismo y miedo a madurar.

Procedimiento

La aplicación de los instrumentos se llevó a cabo en las instalaciones de las diferentes instituciones educativas, la cual se realizó de manera grupal en un tiempo aproximado de hora y media.

Análisis de resultados

El análisis de los datos recabados se estructuró en tres fases:

Fase 1. Se calculó el coeficiente de correlación r de Pearson entre la puntuación total del EDI y sus factores con la puntuación del total del EAT, BULIT y sus respectivos factores.

Fase 2. Considerando las puntuaciones obtenidas en los instrumentos EAT y BULIT los sujetos fueron clasificados en los siguientes grupos:

- Grupo con sintomatología de trastorno alimentario. Constituido por 127 personas que presentaron sintomatología de trastorno alimentario. Para tal fin se partió de los puntos de corte derivados de las validaciones en México (Álvarez, 2000; Álvarez *et al.*, manuscrito no publicado): EAT ≥ 28 o BULIT ≥ 85.
- Grupo control. Conformado por 132 sujetos que no presentaron sintomatología de trastorno alimentario, esto es que sus puntuaciones en el EAT y el BULIT no superaron los puntos de corte antes señalados.

Una vez conformados los grupos se aplicó una prueba t de Student para muestras independientes, con la finalidad de evaluar si existían diferencias significativas entre ambos grupos en cuanto al total del EDI y sus factores.

Fase 3. El grupo con sintomatología de trastorno alimentario se subdividió en:

- Grupo 1 (con sintomatología de anorexia). Integrado por 58 sujetos que rebasaron el punto de corte del EAT, no así el del BULIT.
- Grupo 2 (con sintomatología de bulimia). Constituido por 69 sujetos que rebasaron el punto de corte del BULIT, pero no el del EAT.
- Grupo 3 (control). Conformado por 70 mujeres que se eligieron aleatoriamente del grupo control de las fases anteriores.

Se realizó un análisis de varianza (ANOVA de una entrada) para determinar diferencias entre los grupos en cuanto al total del EDI y sus factores, y se empleó la prueba de Schefee para determinar las diferencias por pares.

Resultados y conclusiones

Los coeficientes obtenidos al correlacionar la puntuación total del EAT y los factores o síntomas que éste evalúa con el EDI y sus factores, se pueden observar en el cuadro 6.1, resultados a los que a continuación haremos referencia, pero señalando únicamente aquellas asociaciones con coeficientes de correlación (r de Pearson) superiores a 0.30.

La puntuación total del EAT y de su factor Motivación para adelgazar se asociaron con la puntuación total del EDI y cinco de sus ocho factores: Motivación para adelgazar, Bulimia, Insatisfacción corporal, Ineficacia e Identificación interoceptiva ($p < .0001$); mientras que el factor Bulimia (EAT), sólo correlacionó con el total del EDI y dos de sus factores: Motivación para adelgazar y Bulimia ($p < .0001$). La Restricción alimentaria y la Preocupación por la alimentación (EAT) sólo mostraron correlaciones significativas con el total del EDI y su factor Motivación para adelgazar ($p < .0001$). Finalmente, cabe señalar que el factor Presión social percibida (EAT) no mostró ninguna correlación significativa con el EDI.

EAT	Factores cognitivos y conductuales (EDI)								
	MA	B	IC	IN	DI	II	MM	P	Total
RA	0.54 ****	0.19 **	0.25 ****	0.23 ****	0.21 ***	0.25 ****	0.06	0.14 *	0.40 ****
BUL	0.53 ****	0.52 ****	0.26 ****	0.22 ****	0.19 **	0.25 ****	0.04	0.12	0.45 ****
MAD	0.81 ***	0.41 ****	0.50 ****	0.42 ****	0.18 **	0.31 ****	0.09	0.29 ****	0.65 ****
PA	0.30 ****	0.22 ****	0.16 **	0.22 ****	0.13 *	0.20 ***	0.12 *	0.11	0.30 ****
PSP	−0.12	−0.03	−0.07	0.01	−0.03	0.01	0.09	−0.01	−0.05
Total	0.66 ****	0.40 ***	0.34 ****	0.33 ****	0.20 ***	0.33 ****	0.20 ***	0.16 **	0.55 ****

Cuadro 6.1 Coeficientes de correlación (r de Pearson) obtenidos respecto a las puntuaciones totales en el EAT y EDI, así como entre sus respectivos factores. n = 259, * $p \leq .05$, ** $p \leq .01$, *** $p \leq .001$, **** $p \leq .0001$.

EDI
MA = Motivación para adelgazar
B = Bulimia
IC = Insatisfacción corporal
IN = Ineficacia
DI = Desconfianza Interpersonal
II = Identificación interoceptiva
MM = Miedo a madurar
P = Perfeccionismo

EAT
RA = Restricción alimentaria
BUL = Bulimia
MAD = Motivación para adelgazar
PA = Preocupación por la alimentación
PSP = Presión social percibida

En tanto que al correlacionar la puntuación total en el BULIT y los factores o síntomas que éste evalúa con el EDI y sus factores (ver cuadro 2), se observó que los factores Sobreingesta, Sentimientos negativos posteriores a la sobreingesta y la puntuación total del BULIT se asociaron con la puntuación total del EDI y cinco de sus factores: Motivación para adelgazar, Bulimia, Insatisfacción corporal, Ineficacia e Identificación Interoceptiva ($p < .0001$), aunque cabe señalar que los dos últimos factores señalados del BULIT también correlacionaron con el factor Perfeccionismo del EDI ($p < .0001$). Finalmente, cabe señalar que Conductas compensatorias (BULIT) no mostró ninguna correlación significativa con el EDI.

BULIT	Factores cognitivos y conductuales (EDI)								
	MA	B	IC	IN	DI	II	MM	P	Total
SI	0.55 ***	0.61 ***	0.46 ***	0.31 ***	0.21 **	0.32 ***	0.05	0.23 ***	0.60 ***
SN	0.73 ***	0.44 ***	0.57 ***	0.40 ***	0.25 ***	0.33 ***	0.02	0.30 ***	0.67 ***
CC	0.29 **	0.23 ***	0.26 ***	0.11	0.18 *	0.08	−0.07	0.12	0.28 ***
Total	0.69 ***	0.57 ***	0.57 ***	0.36 ***	0.27 ***	0.34 ***	0.23 ***	0.30 ***	0.69 ***

Cuadro 6.2 Coeficientes de correlación (r de Pearson) obtenidos respecto a las puntuaciones totales en el BULIT y EDI, así como entre sus respectivos factores. n = 259, * $p \leq .01$, ** $p \leq .001$, *** $p \leq .0001$.

EDI
MA = Motivación para adelgazar
B = Bulimia
IC = Insatisfacción corporal
IN = Ineficacia
DI = Desconfianza Interpersonal
II = Identificación interoceptiva
MM = Miedo a madurar
P = Perfeccionismo

BULIT
NS = Sentimientos negativos posteriores a la sobreingesta
CC = Conductas compensatorias

Más adelante se comparó la puntuación promedio en el total del EDI y cada uno de sus factores, mediante la prueba *t de Student*, entre el grupo con sintomatología de trastorno alimentario y el grupo control, observamos que en todos los casos fue el grupo con sintomatología el que tuvo puntuaciones promedio significativamente mayores que el grupo control ($p < .0001$), a excepción del factor perfeccionismo.

En este sentido, podemos decir que las jóvenes con sintomatología de trastorno alimentario presentaron en mayor medida las siguientes características cognitivo-conductuales: excesiva preocupación por la dieta y el peso, recurrentes episodios de sobreingesta incontrolada, insatisfacción corporal (localizada principalmente en los muslos, glúteos y caderas), sentimientos de ineficacia, inseguridad y falta de control sobre su vida, incapacidad para establecer y mantener relaciones interpersonales, deseo de regresar a la seguridad que proporcionan los años preadolescentes e incapacidad para identificar y diferenciar sensaciones de hambre y saciedad.

Finalmente, en la comparación de tres grupos (anorexia, bulimia y grupo control), se observó que tanto en la puntuación total del EDI ($p < .05$), así como en seis de sus ocho factores: Motivación para Adelgazar, Bulimia, Inefectividad, Identificación de la Interocepción, Miedo a Madurar e Insatisfacción Corporal ($p < .0001$), ambos grupos con sintomatología de trastorno alimentario obtuvieron puntuaciones promedio significativamente mayores que el grupo control. Aunque es importante señalar que en el caso del factor Insatisfacción Corporal, encontramos que el grupo con sintomatología bulímica obtuvo una puntuación mayor a la del grupo con sintomatología anoréxica ($p < .0001$). Por el contrario, en el factor Desconfianza Interpersonal, sólo fue el grupo con sintomatología bulímica el que obtuvo una puntuación mayor a la del grupo control ($p < .0001$). Por último, es pertinente mencionar que de nuevo el factor perfeccionismo no diferenció entre los tres grupos comparados.

Los resultados de la presente investigación mostraron que el grupo con sintomatología de trastorno alimentario obtuvo puntuaciones notablemente mayores en el *Inventario de Trastornos Alimentarios* (EDI), en cuanto al total del instrumento y siete de los ocho factores que lo integran (Motivación para Adelgazar, Bulimia, Inefectividad, Insatisfacción Corporal, Desconfianza Interpersonal, Identificación de la Interocepción y Miedo a Madurar). Estos resultados corroboran los obtenidos por Álvarez y Franco (2001) al comparar una muestra clínica y un grupo control; y parcialmente coinciden con el estudio de Mancilla *et al.* (1998), quienes encon-

Factores del EDI	Sintomatología anoréxica (1) n = 58	Sintomatología Bulímica (2) n = 69	Grupo Control (3) n = 70	Valor de F	Prueba de Schefee
Motivación para adelgazar	10.50 ± 0.85	11.13 ± 0.71	1.11 ± 0.18	84.52**	1, 2 vs 3
Bulimia	1.67 ± 0.34	2.41 ± 0.27	0.16 ±	16.60**	1, 2 vs 3
Insatisfacción corporal	6.59 ± 0.69	9.09 ± 0.62	2.69 ± 0.50	32.25**	1, 2 vs 3 2 vs 3
Inefectividad	2.55 ± 0.64	2.64 ± 0.33	0.41 ± 0.12	10.88**	1, 2 vs 3
Desconfianza interpersonal	3.76 ± 0.47	4.26 ± 0.44	2.84 ± 0.31	3.03*	2 vs 3
Identificación de la interocepción	1.97 ± 0.26	1.93 ± 0.25	0.79 ± 0.18	8.75**	1, 2 vs 3
Miedo a madurar	5.53 ± 0.64	5.87 ± 0.53	2.90 ± 0.28	11.53**	1, 2 vs 3
Perfeccionismo	5.45 ± 0.32	5.87 ± 0.27	4.70 ± 0.26	2.15	
Total	47.25 ± 2.79	33.71 ± 2.58	20.97 ± 1.10	64.62*	1,2 vs 3

Cuadro 6.3 Puntuaciones promedio ± error estándar obtenidos en el EDI y sus factores por los tres grupos comparados mediante la prueba de Schefee. * $p \leq .05$, ** $p \leq .0001$.

traron que el perfeccionismo estuvo más presente en su muestra de jóvenes con sintomatología de bulimia, y no así en la de anorexia.

Respecto al factor Insatisfacción Corporal, las jóvenes con sintomatología de trastorno alimentario obtuvieron una puntuación más allá en comparación con el grupo control. Esto concuerda con los resultados de Román, Mancilla, Álvarez y López (1997), quienes señalan que las personas con sintomatología de trastorno alimentario están más insatisfechas con su aspecto físico. Probablemente esto se deba a que estas personas son más vulnerables a la creencia social de que lo ideal es tener un cuerpo que acentúa la delgadez y se rechaza la obesidad (Vírseda, 1995; Berscheid y Walster, cit. en Tolman y Debold, 1994).

Incluso algunos autores han encontrado que la insatisfacción corporal es un predictor de los trastornos alimentarios tanto en población clínica como comunitaria (Davis, 1997), ya que la inconformidad con el aspecto físico hace que las personas presenten actitudes negativas hacia la alimentación y preocupación por el peso (Hohlstein, Smith y Atlas, 1998). Sin embargo, es importante señalar que en el presente estudio, la insatisfacción corporal estuvo más acentuada en el grupo de jóvenes con sintomatología de bulimia.

Por otro lado, también se encontró que las personas con sintomatología de trastorno alimentario presentaron una mayor Motivación para Adelgazar, es decir, tienen un acentuado temor a engordar, desean estar más delgadas y buscan lograrlo por diferentes medios (Hsu y Sing-Lee, 1993). Además se ha comprobado que este factor es un predictor de la sintomatología de trastorno alimentario (Álvarez, Franco, Mancilla, Álvarez, y López, 2000).

Asimismo, la Inefectividad estuvo más presente en ambos grupos con sintomatología de trastorno alimentario, lo cual sugiere que estas mujeres se sienten menos eficientes, por lo que experimentan sentimientos de inseguridad. Lo anterior concuerda con lo señalado por algunos autores, respecto a que las personas con trastorno alimentario presentan una gran depresión y sentimientos de autodesprecio e inefectividad, al mismo tiempo que se observan sentimientos de vacío y devaluación (Bruch, 1962; Herscovici y Bay, 1990), lo que se ha corroborado en muestras subclínicas (Álvarez, López, Martínez, Mancilla y Vázquez, 2000).

Las personas con sintomatología de trastorno alimentario de igual forma presentaron un mayor Miedo a Madurar, lo cual indica que temen a las experiencias psicológicas o biológicas que supone la edad adulta, de modo que la restricción alimentaria suele ser un mecanismo que emplean para evitar la madurez psicobiológica y conservar la apariencia prepuberal (Crisp, 1980).

Respecto a lo encontrado en el factor Identificación de la Interocepción, es necesario señalar que nuestros resultados concuerdan con lo reportado por Bruch (1980, cit. en Speir, 1986), quien argumenta que la percepción inadecuada de los estímulos internos y externos son un antecedente de los trastornos alimentarios.

Por otro lado, diversos autores afirman que las personas que padecen trastornos alimentarios son solitarias y se relacionan con dificultad, y que este aislamiento lo utilizan como defensa ante las críticas de los demás y probablemente para mantener en secreto sus conductas alimentarias anómalas (Tolman y Debold, 1994; Polivy y Herman, 1987; Feinholtz, 1997). Aunque en el presente estudio, la puntuación promedio en el factor Desconfianza Interpersonal fue significativamente mayor en el grupo con sintomatología de bulimia.

Por último, en cuanto al factor de Perfeccionismo no hubo diferencias significativas entre el grupo con sintomatología de trastorno alimentario y grupo control, lo cual se ha considerado como una constante en los estudios realizados con diferentes muestras mexicanas: clínicas (Álvarez y Franco, 2001; Raich, Mora, Sánchez-Carracedo, Torras, Viladrich, Zapater, Mancilla, Vázquez y Álvarez-Rayón, 2001) y de estudiantes de danza clásica (Vázquez, López, Álvarez, Ocampo y Mancilla, 2000). A modo de explicación, algunos autores señalan dos tipos de perfeccionismo: 1) Perfeccionismo positivo: bajo el cual pueden catalogarse las personas que obtienen un placer real del esfuerzo de un trabajo concienzudo y que se sienten libres para ser precisas como la situación lo permite, lo cual les produce satisfacción, y 2) Perfeccionismo negativo: en el cual se sitúan las personas cuyos esfuerzos, incluso los mejores nunca parecen lo bastante buenos, al menos ante sus ojos y no se sienten satisfechas (Crispo et al., 1996; Slade, 1982).

En futuras investigaciones sería pertinente retomar esta clasificación de tipos de perfeccionismo y evaluar si existen diferencias entre grupo clínico, subclínico y control, lo que nos permitiría comprobar si efectivamente existe un modelo de continuidad en la asociación entre los rasgos cognitivos y conductuales con el grado de sintomatología de trastorno alimentario.

Por lo pronto, los resultados indican la existencia de una asociación entre los factores cognitivo-conductuales evaluados y la presencia de ciertos componentes o síntomas específicos de trastorno alimentario. Además, observamos que el grupo con sintomatología de trastorno alimentario (anoréxica y bulímica) obtuvo puntuaciones significativamente mayores que el grupo control en el total del EDI y todos sus factores ($p < 0.0001$), excepto perfeccionismo. Finalmente, vimos que la insatisfacción corporal y la desconfianza interpersonal estuvieron presentes, sobre todo en las jóvenes con sintomatología de bulimia nerviosa.

Bibliografía

Álvarez, D. y Franco, K. (2001). "Validación del *Eating disorder inventory* en población mexicana". Tesis de Licenciatura, Universidad Nacional Autónoma de México.

Álvarez, D., Franco, K., Mancilla, J., Álvarez, G. y López, X. (2000). "Factores predictores de sintomatología de los trastornos alimentarios en población estudiantil mexicana". *Psicología Contemporánea*, 7 (1), 26-35.

Álvarez, R.G. (2000). "Validación en México de dos instrumentos para detectar trastornos alimentarios: EAT y BULIT". Tesis de Maestría. Universidad Nacional Autónoma de México.

Álvarez, R.G.; López, A.X.; Martínez, L.A.; Mancilla, D.J.M. y Vázquez, A.R. (2000). "Valuación de la asociación entre la presencia de sintomatología de trastorno alimentario y la depresión". *Revista de Psicología del Valle de México*, 1, 3-11.

Álvarez, R.G.; Mancilla, D.J.M. y Vázquez, A.R. (2000). "Propiedades psicométricas del test de bulimia (BULIT)". *Psicología Contemporánea*, 7 (1), 74-85.

Álvarez, R.G.; Mancilla, D.J.M.; Vázquez, A.R.; Unikel, S.C.; Caballero, R.A. y Corona, M.D. (manuscrito no publicado). "Validity of Eating Attitudes Test: A Study of Mexican Eating Disorders Patients".

American Psychiatric Association (1994). *Manual diagnóstico y estadístico de los trastornos mentales (DSM-IV)*. España: Masson.

Bruch, H. (1962). "Perceptual and Conceptual Disturbances in Anorexia Nervosa". *Psychosomatic Medicine*, 24, 187-194.

Bruch, H. (1973). *Eating Disorders, Obesity, Anorexia Nervosa and the Person Within*. London: Routledge & Kegan Paul.

Bruch, H. (1982). "Anorexia Nervosa: Therapy and Theory". *American Journal of Psychiatry*, 139 (12), 1531-1538.

Brusset, B. (1990). "La anorexia mental de las adolescentes". En: S. Lebovic, R. Diatkine y M. Soulé (eds.). *Tratado de psiquiatría del niño y del adolescente*. España: Biblioteca Nueva.

Calderón, E.; Moreno, P.; Gili, M. y Roca, M. (1998). "Psicopatología y trastornos de la conducta alimentaria: un estudio con el SCL-90-R". *Revista Electrónica de Psiquiatría*, 2 (1), 1-9.

Crisp, A. H. (1980). *Anorexia nervosa*. Nueva York: Grune & Stratton.

Crispo, R., Figueroa, E. y Guelar, D. (1996). *Anorexia y bulimia, lo que hay que saber: un mapa para recorrer un territorio trastornado*. Barcelona: Gedisa.

Crowther, J., Wolf, E. y Sherwood, N. (1992). "Epidemiology of Bulimia Nervosa". En: J. Crowther, D. Tennenbaum, S. Hobfoll y E. Sthephens (eds.). *The etiology of bulimia nervosa*. USA. Hemisphere Publishing Corporation.

Dancyger, I.F. y Garfinkel, P.E. (1995). "The Relationship of Partial Syndrome Eating Disorders to Anorexia Nervosa and Bulimia Nervosa". *Psychological Medicine*, *25*, 1019-1026.

Davis, C. (1997). "Body Image, Exercise and Eating Behaviors". En: K. Fox (ed.). *The physical self: From motivation to well-being.* USA. Human Kinetics Publishers.

Escobar, G.M. (1992). "Prevalencia de conductas generalmente presentes en pacientes que padecen anorexia o bulimia nerviosa en estudiantes de secundaria, preparatoria y universidad en la ciudad de México". Tesis de Licenciatura en Nutrición y Ciencia de los Alimentos. Universidad Iberoamericana.

Feinholz, D. (1997). "Anorexia y bulimia: Aspectos psicológicos". *Cuadernos de Nutrición. 20*, (5), 10-16.

Flores, M. y Caballero, A. (1999). "Factores de riesgo para anorexia nervosa". *Revista de la Facultad de Medicina, 42*, 15-18.

Garner, M. y Garfinkel, E. (1979). "The Eating Attitudes Test: An Index of the Symptoms of Anorexia Nervosa. *Psychological Medicine*, *9*, 273-279.

Garner, M., Olmstead, M. y Polivy, I. (1983). "Development and Validation of a Multidimensional Eating Disorders Inventory for Anorexia Nervosa and Bulimia", *International Journal of Eating Disorders*, *2*, 15-34.

Guillemot, A. y Laxenaire, M. (1994). *Anorexia nerviosa y bulimia.* España: Masson.

Herscovici, C. y Bay, L. (1990). *Anorexia nerviosa y bulimia: Amenazas a la autonomía.* México: Paidós.

Hohlstein, L.A., Smith, G.T. y Atlas, J.G. (1998). "An Application of Expectancy Theory to Eating Disorders: Development and Validation of Measures of Eating and Dieting Expectancies". *Psychological Assessment*, *10* (1), 49-58.

Holtz, V. y Tena, A. (1995). "Trastornos de la alimentación". *Psicología Iberoamericana*, *3* (2), 5-12.

Hsu, L.G. y Sing-Lee, M.R. (1993). "Is Weigh Phobia Always Necessary for a Diagnosis of Anorexia Nervosa?". *American Journal Psychiatry*, *150* (10), 1466-1471.

Kaplan, A. y Sadock, D. (1994). *Synopsis of psychiatric.* USA. Williams and Wilkins.

Ludewig, K. (1991). "Reflexiones sobre la anorexia en adolescentes: un enfoque sistémico del problema psicosomático ejemplificado por la anorexia nerviosa". *Estudios Psicológicos*, *1* (1), 1-21.

Mancilla, D.J.M.; Álvarez, R.G.; López, A.X.; Mercado, G.L.; Manríquez, R.E. y Román, F.M. (1998). "Trastornos alimentarios y factores asociados en universitarias mexicanas". *Psicología y Ciencia Social*, *2* (1), 34-43.

Martínez, M.M.; Medina, C.A. y Quiroz, R.A. (1997). "Identificación de trastornos alimentarios en una población de alto riesgo". Tesis de Licenciatura. Universidad Nacional Autónoma de México.

Mintz, L.B. y Betz, N.E. (1988). "Prevalence and Correlates of Eating Disordered Behavior among Undergraduate Women". *Journal of Counseling Psychology, 35*, 463-471.

Norre, J. y Vandereycken, W. (1991). "The Limits of Outpatient Treatment for Bulimic Disorders". *British Review of Bulimia and Anorexia nervosa, 5* (2), 55-63.

Patton, C.G. (1988). "The Spectrum of Eating Disorders in Adolescence". *Journal of Psychosomatic Research, 32* (6), 579-584.

Polivy, J. y Herman, C. (1987). "Diagnosis and Treatment of Normal Eating". *Journal of Consulting and Clinical Psychology, 55* (5), 635-634.

Raich, R. M. (1994). *Anorexia y bulimia: trastornos alimentarios*. España: Pirámide.

Raich, R.M.; Mora, M.; Sánchez-Carracedo, D.; Torras, J.; Viladrich, M.; Zapater, L.; Mancilla, J.; Vázquez, R. y Álvarez-Rayón, G. (2001). "A Cross-cultural on Eating Attitudes and Behaviours into Spanish-speaking Countries: Spain and Mexico". *European Eating Disorders Review, 9* (1), 53-63.

Román, F.M.; Mancilla, D.J.M.; Álvarez, R.G. y López, A.X. (1997). "Evaluación de la imagen corporal como predictor del trastorno alimentario". *Psicología contemporánea, 5* (2), 22-29.

Saldaña, C. (1994). *Trastornos del comportamiento alimentario*. España: Fundación Universidad-Empresa.

Slade, P.D. (1982). "Towards a Functional Analysis of Anorexia and Bulimia Nervosa". *British Journal of Clinical Psychology, 21*, 167-179.

Smith, C. y Thelen, H. (1984). "Development and Validation of a Test for Bulimia". *Journal of Consulting and Clinical Psychology, 52* (5), 863-872.

Speir, A. S. (1986). *Psicoterapia familiar en un caso de anorexia nerviosa*. Buenos Aires: Nueva Visión.

Tolman, D. y Debold, E. (1994). "Conflicts of Body and Image: Female Adolescents, Desire, and the No-body Dissatisfaction". En: P. Fallon, M. Katzman y S. Wooley (eds.). *Feminist perspectives on eating disorders*. USA. Guilford.

Toro, C.J. (1996). *El cuerpo como delito: anorexia, bulimia, cultura y sociedad*. España: Ariel.

Turón, V.J. (1997). *Trastornos de la alimentación: anorexia nerviosa, bulimia y obesidad*. España: Masson.

Vázquez, A.R.; López, A.X.; Álvarez, R.G.; Ocampo, T.M.T. y Mancilla, D.J.M. (2000). "Trastornos alimentarios y factores asociados en estudiantes de danza". *Psicología contemporánea, 7* (1), 56-65.

Vírseda, J. (1995). "Autoimagen y alimentación: un estudio preliminar". *Revista de Psicología iberoamericana, 3* (2), 35-39.

Vitousek, K. y Manke, F. (1994). "Personality Variables and Disorders in Anorexia Nervosa and Bulimia Nervosa". *Journal of Abnormal Psychology, 103* (1), 137-147.

Wilson, C. (1985). *Fear of being fat: The treatment of anorexia nervosa and Bulimia*. New Jersey: Jason Aronson.

Colaboradores

Ana Elena del Bosque Fuentes
Diana Moreno Rodríguez
Georgina Leticia Álvarez Rayón
Guadalupe Hernández Cortés
Juan Manuel Mancilla Díaz
Karina Franco Paredes
Laura Edna Aragón Borja
Lidia Gutiérrez Aguilar
María Refugio Ríos Saldaña
María Teresa González Uribe
Norma Yolanda Rodríguez Soriano
Rosalía Vázquez Arévalo
Rosalva Bautista García
Susana Robles Montijo

* * *

**Otros títulos sobre este tema,
compilación de Laura Edna Aragón
y Arturo Silva**

Fundamentos teóricos en la evaluación psicológica
Evaluación psicológica en el área educativa

* * *

Esta obra se terminó de imprimir
en mayo de 2015, en los Talleres de

IREMA, S.A. de C.V.
Oculistas No. 43, Col. Sifón
09400, Iztapalapa, D.F.